Wie Kinder stark werden
und Eltern
entspannt bleiben

Uta Allgaier

Wie Kinder stark werden und Eltern entspannt bleiben

Der Erziehungs-Kompass

Ellert & Richter Verlag

Inhalt

7   Vorwort

11   Wie entsteht Bindung?

22   Wann und wie soll ich mich von den Signalen des Babys leiten lassen?

29   Wie kann ich die „Bedürfnisorientierte Erziehung" sinnvoll erweitern?

40   Wie kann ich den Nachfolgewillen einsetzen?

51   Wie viel Anregung braucht das Kleinkind?

58   Grenzen setzen – ist das noch zeitgemäß?

66   Dürfen wir Eltern Macht ausüben?

73   Was tun bei Wut, Verweigerung und Trotz?

96   Warum das Kind glücklich ist, wenn wir es auch sind!

104   Wie können Eltern und Kinder besser
kommunizieren?

114   Soll man Mädchen und Jungen gleichbehandeln?

126   Wie bringe ich Kinder dazu, im Haushalt zu
helfen?

132   Durch eine neue Einstellung mehr Nähe zum
Kind – wie geht das?

141   Was fördert die Geschwisterliebe – und was
nicht?

154   Wie kann ich mein Kind in der Schule unterstützen?

164   Warum ist der Papa so wichtig fürs Kind?

170   Mediennutzung in gesunde Bahnen leiten –
wie geht das?

180   Ist die Pubertät wirklich so schlimm?

200   Partnerschaft – wie schaffen wir es, sie nicht zu
vernachlässigen?

214   Nachwort – wie es sich anfühlt, wenn die Kinder
das Haus verlassen

Für meine Eltern.
Danke für alles!

Vorwort

Mein Mann kam ins Arbeitszimmer, kurz vor Abgabe dieses Manuskripts. Er konnte kaum zum Schreibtisch treten, weil der Teppich übersät war von Erziehungsbüchern. „So viel wird geschrieben über Kinder", meinte er und stand nachdenklich inmitten all der Titel.

Ja, so viel und noch viel mehr wird geschrieben über Kinder.

Warum dann noch dieses Buch?

Weil ich Orientierung geben möchte, wenn euch der Kopf schwirrt von all den Theorien. Weil ich euch beistehen möchte, wenn das Gefühl übermächtig wird, alles falsch zu machen. Weil es in dieser Inflation von Erziehungstipps kluge und warmherzige Ideen gibt, die herausragen aus allen anderen.

Unter den Büchern auf dem Teppich sind einige, die mir schon geholfen haben, wenn ich mir zwischendurch nur ein paar Seiten davon gönnte. Aufschlagen, lesen, spüren, wie der Blutdruck sich normalisiert und ich wieder in meine Mama-Kraft komme.

Bei einigen Autoren weiß ich noch, wann ich welche Stelle las, wie ich zwischen den Eis schleckenden Kindern im Freibad hockte oder auf dem Stuhl vorne rechts auf unserer Terrasse und ein bestimmter Satz mich mitten ins Herz traf.

Weil nicht jeder von euch die Zeit hat, so viele Erziehungs-ratgeber zu lesen wie ich. (Auch bei mir hat es mehr als zwanzig Jahre gedauert, die Kinder sind fast aus dem Haus und ich bin immer noch nicht fertig.) Also, weil nicht jeder so viel lesen kann, habe ich das Hilfreichste für euch zu-sammengefasst, eingeordnet und um viele persönliche Er-fahrungen bereichert.

Ich habe alles getan, damit es euch mit diesem Buch geht, wie mir mit meinen wichtigsten Kraftquellen aus dem Regal. Es soll euch ermutigen, erleichtern und ganz viel von der Freude schenken, die ich mit unseren Kindern erlebt habe und weiterhin erlebe. Und vielleicht könnt ihr sie zwischen den Zeilen lesen: meine übergroße Liebe zu diesem Thema.

Viele von euch kennen unsere Kinder als „Kronprinz" und „Prinzessin" von meinem Blog „Wer ist eigentlich dran mit Katzenklo?" Die Krönchen, die sie vorne auf dem Buch-titel tragen, sind eine Anspielung darauf. In all den Jahren habt ihr gelesen, wie der Erstgeborene seine kleine Schwes-ter im Park zurücklassen wollte, wie wir Eltern unseren Dienst bei der Hausaufgabenpolizei einstellten oder wie Prinzessin auf das Dach kletterte. Während ich dies schreibe, wartet unser Sohn auf das Ergebnis seiner Bache-lorarbeit und unsere Tochter überlegt, welches Kleid sie zur Abiturentlassung tragen soll. Mit dem Thema „Erziehung" sind wir durch!

In diesem Buch werden aber noch einmal alle Themen behandelt, die uns vom Abstillen des Mini-Prinzen bis zur Wohnzimmerparty der Teenager beschäftigt haben. Das ist das Besondere am „Erziehungskompass". Wir segeln mit ihm nicht nur eine Regatta, sondern durch die gesamte Kindheit und Jugend.

Als gelernte Journalistin habe ich nicht nur in Büchern re-cherchiert, sondern auch Interviews mit Wissenschaftlern, einer Bindungsforscherin, namhaften Erziehungsexperten und Deutschlands bekanntester Paarberaterin geführt. Ich habe mich in den Gesprächen immer von dem leiten lassen, was sofort Resonanz in mir fand: diese Sichtweise könnte das Familienleben erleichtern, diese Idee stärkt die elterliche Führungskompetenz, jene könnte für mehr Verständnis für das Kind sorgen. Verstaubte Theorie interessiert mich nicht. Ich fühle mich an keine pädagogische Richtung gebunden, folge keinem Trend. Mich treibt die Suche nach den Erkenntnissen, die einen Unterschied machen mitten im saftklebrigen, bananenverschmierten, bügelperlenpieksigen Leben von Familien.

Viel Freude beim Lesen
Uta Allgaier

Wie entsteht Bindung?

Als ich mit unserem ersten Kind schwanger war, beschloss ich, die ersten drei Jahre zu Hause zu bleiben. Aber es sprach ja nichts dagegen, ein paar Monate nach der Geburt als Referentin zu einer Journalistenfortbildung nach Süddeutschland zu fahren.

Kronprinz wurde geboren, einige Monate gingen ins Land und der Termin meiner Abreise rückte gefährlich nahe. Der Kleine nahm gerne mehrfach täglich die Brust und hielt nichts, aber auch gar nichts von Flaschenmilch. Wir probierten alle Saugertypen durch, Ventilbecher und was der Babymarkt so hergab, doch unserem Baby schien es ums Prinzip zu gehen.

Schließlich wurde aus der ganzen Aktion ein rüdes Zwangsabstillen und ich saß mit der Oberweite meines Lebens im Zug nach Nürnberg. Mein Mann hatte sich zum Glück zwei Wochen Urlaub nehmen können und blieb mit Klein-Kronprinz zu Hause. Nach fünf Tagen Seminar setzten sich meine Männer ins Auto und besuchten mich für das Wochenende im Tagungshotel.

Das Kind war sichtlich irritiert. Die Mama, die wie in ein schwarzes Loch verschwunden war und mit deren Ableben es sich offenbar abgefunden hatte, war plötzlich wieder da. Wir konnten beobachten, dass Kronprinz der ganzen Sache nicht mehr traute.

Als sein Papa, der neue Milchmann, das erste Mal nach dem Wiedersehen mit Mama auf die Toilette gehen musste, wollte mein Sohn nicht bei mir bleiben. Er brüllte wie am Spieß und ließ sich nur beruhigen, wenn mein Mann ihn mit auf die Toilette nahm. So ging es die ganze Zeit. Für den Kleinen bedeutete es Stress pur. Er hatte sichtlich Angst, dass ihm mit Papa das Gleiche passieren könnte wie mit Mama. Er hatte gelernt, dass Erwachsene einfach von der Bildfläche verschwinden konnten. Dieses kleine Wesen so misstrauisch zu sehen und dafür verantwortlich zu sein, tat mir in der Seele weh.

Unser Sohn war damals zehn Monate alt. Während in den ersten sechs Monaten das Bindungsfenster noch weit geöffnet ist und die Kleinen sich fröhlich an jede Person binden, die sich liebevoll um sie kümmert, fangen sie mit sieben oder acht Monaten an, wählerischer zu werden. Mein Mann war von Anfang an ein hingebungsvoller Vater. Da er jedoch Vollzeit arbeitete, konnte er sich nur am Abend und am Wochenende um Kronprinz kümmern, während ich den ganzen Tag mit ihm verbrachte und ihn so lange an der Brust nuckeln ließ, bis ich ein weiteres Kapitel in einem Erziehungsbuch zu Ende gelesen hatte. Mütter genießen durch den Hormonaustausch bei der Geburt und beim Stillen einen Bindungsvorsprung. Und so waren das Baby und ich – bis zu meiner fluchtartigen Abreise – deutlich enger miteinander verbunden als Vater und Sohn. Die Trennung von mir war zu abrupt. Unsere Bindung bekam einen kleinen Riss. Später war es um einiges schwieriger, ihn fremdbetreuen zu lassen, als bei seiner Schwester, die gut drei Jahre später geboren wurde und als Baby nicht erleben musste, dass ich tagelang verschwand.

Was würde ich mit meinem Wissen von heute der kleinen Katzenklo-Familie von damals empfehlen? Würde ich raten, die Seminarteilnahme als Referentin abzusagen?

Nein! Es war damals meine Leidenschaft, angehenden Journalisten das Reportage-Schreiben beizubringen. Darauf hätte ich nicht verzichten wollen. Es machte mir Freude, mich darauf vorzubereiten. Und der kleine Mann hat diese Begeisterung sicher mitbekommen, denn Babys reagieren äußerst sensibel auf Mamas Gefühle. Sie spüren, ob wir gestresst oder beschwingt etwas tun. Dafür haben sie feine Antennen.

Heute würde ich den Job annehmen und Mann und Kind würden mitkommen. In solchen Tagungshotels gibt es meistens Familienzimmer, und ich hätte in meinen Pausen das Kind stillen und Zeit mit meinen Männern verbringen können. Damals bin ich aber davon ausgegangen, das Baby würde mich bei der Arbeit stören. In meinem Kopf verlief eine Grenze zwischen Beruf und Familie, die es mit der Berliner Mauer hätte aufnehmen können. Heute sehe ich begeistert, wie Eltern diese Grenze durchlässiger gestalten. Da ist die Therapeutin, deren Kleinkind während ihres Vortrags neben ihr unter einem Tisch sitzt und bis zum Schlusswort friedlich spielt. Da ist die Kleinunternehmerin, die ihren Sohn an ihrem Messestand im Tuch bei sich trägt und über den kleinen, flaumigen Kopf hinweg Geschäfte abschließt. Und da ist die neuseeländische Ministerpräsidentin Jacinda Ardern, die ihr Baby mit in die UN-Vollversammlung nimmt.

Denkt ihr, das könnte zu unruhig für die Kleinen sein? Das Gegenteil ist der Fall: „Alle Sinne von Neugeborenen sind speziell auf die Reize geeicht, die von anderen Menschen ausgehen", schreiben die Bindungsforscher Karin und Klaus Grossmann. „Es betrachtet lieber menschliche Gesichter als andere Muster, und es horcht konzentrierter auf die Stimme einer Frau, besonders die seiner Mutter, als auf irgendein anderes Geräusch."[1]

Wenn ich es noch einmal tun könnte, würde ich Kronprinz zumindest bei den Teambesprechungen mitnehmen, auf dem Schoß halten oder neben mir auf einer Decke spielen lassen. Ich würde Gedanken wie „Das klappt sowieso nicht" hinter dem Tagungshotel zum Wandern schicken und mit Beamer und Baby in den Besprechungen der Kursleiter erscheinen. Ich würde der Zeit mit Baby im ersten Jahr Vorrang geben und gucken, welche Arbeit sich mit ihm vereinbaren lässt und welche eben nicht. Vor allem aber würde ich mich von Freude, Liebe und meinem inneren Kompass leiten lassen.

Das klingt kitschig, aber ich bin mir sicher: Babys haben eine Schwäche für familiäre Seifenopern. Sie wollen so oft wie möglich die Menschen riechen, in deren Halsbeuge sie schon unzählige Male eingeschlafen sind, sie wollen die Stimmen hören, die sie schon im Bauch gehört haben, sie wollen, dass es um sie herum „menschelt", und gedeihen gut inmitten einer fröhlichen Sippe, in der Mama und – möglichst auch – Papa im Zentrum stehen. So eine Sippe können Kollegen bilden, Verwandte, Nachbarn, Freunde oder die viel diffamierten Latte-Macchiato-Mamas. Nur gänzlich alleine sollte niemand mit seinem Baby sein. Das stellt eine Überforderung dar, auch für die hingebungsvollsten Eltern.

Deshalb halte ich es für wichtiger, vor der Geburt den Freundeskreis zu pflegen und um geeignete Babysitter zu erweitern, als im Kinderzimmer Bärchen-Borde zu tapezieren oder eine Wiege aus Bio-Massivholz anzuschaffen. Bindungsforscherin Fabienne Becker-Stoll rät, Eltern sollten sich zur Geburt lieber Dienstleistungen schenken lassen als Spieluhren oder Kuscheltiere. Wie wäre es, wenn jemand die Familie mit selbstgekochtem Essen verwöhnt, einen Gutschein vom Fensterputzdienst schenkt oder sich in einer Urkunde feierlich bereiterklärt, das Baby einmal wöchentlich abends im Tuch um den Block zu tragen? In den ersten sechs Monaten ist die Chance groß, dass das gut funktioniert, weil Neugeborene noch nicht fremdeln, und es ihnen nicht schadet, wenn sich mal jemand anderes um sie kümmert.

„Möchte eine Mutter schon bald nach der Geburt oder auch nach sechs oder neun Monaten wieder anfangen zu arbeiten", schreibt die Therapeutin Rita Messmer, „tut sie gut daran, den Säugling oft, wenn auch nur für kurze Zeit, anderen Personen in Obhut zu geben." Der Säugling speichere dann ab, dass nicht nur Vater und Mutter für sein Wohlergehen zuständig seien, sondern auch andere Bezugspersonen sich gut um ihn kümmern können. „Ist eine Mutter dagegen sechs Monate fast ausschließlich allein für ihren Säugling da, wird dieser Säugling zwangsläufig angstvoll auf eine Veränderung [...] seiner Bezugsperson reagieren."[2]

Das ist genau das, was uns passiert ist. Und die Lehre für uns war:

1. Das Baby im ersten Halbjahr mehr an die Betreuung von Papa und kurzzeitig auch von anderen Personen gewöhnen.

2. Das Baby, Mann oder Babysitter möglichst mit zur Fortbildung, auf eine Vortragsreise oder eine auswärtige Arbeit nehmen, damit es höchstens kurzzeitig von seinen Hauptbezugspersonen getrennt ist.

Im ersten Lebensjahr kommt es also darauf an, dass eine sichere Bindung entsteht. Kindheitsforscher beharren einmütig darauf, dass sichere Bindung das Fundament für eine gesunde Entwicklung, ein stabiles Selbstgefühl, Forscherdrang, Angstfreiheit und erfolgreiches Lernen bildet. „Das Bindungssystem, das wir in der eigenen Kindheit im Lauf des ersten Lebensjahres entwickeln, bleibt während des gesamten Lebens aktiv", schreibt der Münchener Bindungsexperte Karl-Heinz Brisch.[3]

Während der Arbeit an diesem Buch saß ich auf einer langen Zugreise zufällig neben einer Psychologin, die Polizisten hilft, schlimme Gewalterfahrungen zu verarbeiten. Sie erzählte mir, dass sie einmal mit den Männern und Frauen einer Polizeieinheit zusammensaß, die wenige Tage vorher zu einem Amoklauf mit mehreren Toten gerufen worden war. Auf die Frage, was ihnen Mut gemacht habe, als der Befehl zu dem gefährlichen Einsatz kam, berichteten fast alle übereinstimmend, sie hätten schnell noch ein paar Worte mit ihrer Mutter gewechselt, als sie sich auf den Weg machten. „In solchen Situationen", erklärte die Polizeipsychologin, „aktivieren wir das alte Bindungssystem."

Die Erfahrung einer sicheren Bindung zum Start auf dieser Welt unterstützt uns unser ganzes Leben lang.

Die sieben wichtigsten Punkte zum Thema „Wie entsteht Bindung?":

1 Durch den Hormonaustausch bei der Geburt und beim Stillen hat **die Mutter einen Bindungsvorsprung.** Ihre Nähe ist in den ersten Wochen von essenzieller Bedeutung.

2 Den Bindungsvorsprung der Mutter **können Väter aufholen,** wenn sie sich regelmäßig mit dem Baby befassen und mit ihm interagieren (kuscheln, wickeln, sprechen, Augenkontakt, singen, reimen, …). Elternzeit ist dafür wertvoll. So kann zu beiden Eltern ein belastbares Band entstehen. Und wer sagt, er habe keine Erfahrung mit Babys und bringe nicht die nötige Intuition mit, dem sei ein Kurs in Baby-Massage empfohlen.

3 In den ersten sechs Monaten ist das **„Bindungsfenster" noch offen.** Deshalb gilt für den Vater, aber auch für andere mögliche Bezugspersonen (Großeltern, Patenonkel, Freundin, …), sich möglichst früh mit dem Säugling an-

zufreunden, zu interagieren und regelmäßig Kontakt zu halten. Später dauert der Bindungsaufbau länger.

4 Die zwei bis drei wichtigsten Bindungspersonen sollten im ersten Jahr verlässlich in der Nähe des Kindes sein. „Der Säugling sollte also an unserem Leben teilhaben dürfen. Dabei benötigt er nicht ständig unsere volle Aufmerksamkeit, …. Es reicht ihm, **wenn er irgendwo einen Platz an unserem Körper bekommt.**"[4]

5 Nie ist Verlässlichkeit und **feinfühliges Eingehen auf die Bedürfnisse** des Kindes wichtiger als im ersten Jahr. Häufiger Kinderfrau-Wechsel ist in dieser Zeit extrem ungünstig.

6 **In der zweiten Hälfte des ersten Lebensjahres beginnt das „Fremdeln"** und dauert etwa bis zum 2. Geburtstag. „Nach dem 2. Geburtstag fällt es den meisten Kindern leichter, vertrauensvolle Beziehungen zu fremden Betreuungspersonen aufzubauen."[5]

7 Wer sein Kind mit etwa einem Jahr in eine Krippe geben möchte, gerät in die Hochphase des „Fremdelns". Das muss kein Grund sein, das Kind nicht in die Betreuung zu geben, eine lange und **sanfte Zeit der Eingewöhnung** ist aber umso wichtiger.

Ob ihr nun den Drang verspürt, bald wieder einer Arbeit nachzugehen, oder ob ihr euch gerade im ersten Jahr ganz dem Baby widmen wollt – lasst euch diese intensive erste Zeit nicht nehmen! Am wenigsten von euch selbst. Genießt es, einander kennenzulernen und euch aufeinander einzuschwingen. Wie sehr habe ich mich unter Druck gesetzt, aus Angst, den Anschluss in meinem Beruf zu verlieren. Die kleinen und größeren Jobs, die ich mir für die Zeit nach der Geburt organisiert hatte, haben uns alle sehr gestresst – von großer Unruhe beim Kronprinzen bis zur Brustentzündung bei mir.

Dies ist kein Appell, im ersten Jahr nicht auch außerhalb der Familie zu arbeiten. Vielleicht könnt ihr einzelne Projekte übernehmen, die euch Freude bereiten, und das Baby mitnehmen. Lasst euch dabei aber nicht von der Angst leiten, den Anschluss zu verlieren. Als unsere Kinder größer waren, ergaben sich immer wieder Möglichkeiten, als Journalistin und Referentin zu arbeiten. Ich habe mir also selbst viel mehr Druck gemacht, als nötig gewesen wäre.

Es wird noch häufiger in diesem Buch darum gehen, sich von Freude, statt von Angst leiten zu lassen. Das macht so einen großen Unterschied im Leben. Vor allem in einem Baby-Leben. Was kann schöner sein, als ein Start auf dieser Welt, bei dem ich mit jemandem zusammen sein darf, der in den gemeinsamen Momenten ganz bei mir ist und mir das Gefühl schenkt, diese Zeit mit mir wirklich zu genießen?

Wenn ihr Eltern geworden seid und euren Beruf ehrlich vermisst, werdet ihr Lösungen finden, das Baby in eure Arbeit miteinzubeziehen. Und wenn ihr lieber möglichst lange bei eurem Kind zu Hause sein möchtet, dann braucht ihr niemanden, der euch den Segen dafür gibt. Macht euch frei von gesellschaftlichen Erwartungen und werdet euch darüber bewusst, was ihr für euren ganz persönlichen Familienstart und die Anfangszeit, die für euch und das Kind so unsagbar wertvoll ist, wirklich möchtet.

In der Beratung begleitete ich mal eine Frau, die sich nichts sehnlicher wünschte, als bei ihren kleinen Kindern zu Hause zu bleiben, Laternen zu basteln, Pflaster auf aufgeschlagene Knie zu kleben und sich einen Welpen anzuschaffen. Finanziell wäre das kein Problem gewesen, ihr Mann verdiente gut, und auch die Möglichkeiten für ihren beruflichen Wiedereinstieg waren gegeben. Aber sie fürch-

tete sich davor, im Kolleginnenkreis dafür entwertet zu werden. Nach unseren Gesprächen konnte sie schließlich dazu
stehen, was sie wirklich wollte.

Entwicklung einer sicheren Bindung

0–6 Monate	Kind braucht möglichst die Mama und die wichtigsten ein bis zwei Bezugspersonen bei sich, ist zusätzlich offen, neue Menschen kennenzulernen und reagiert noch auf alle Menschen freundlich und zugewandt. Eine gute Zeit, um Betreuungspersonen einzuführen und regelmäßig Kontakt zu halten.
6–9 Monate	Bindung an Hauptbezugspersonen fängt an, sich weiter zu festigen. Gleichzeitig wird das Kind kritischer Fremden gegenüber; das „Fremdeln" beginnt.
9–12 Monate	Start der „Objektpermanenz": Kind weiß nun so langsam, dass eine Person oder ein Gegenstand, den es momentan nicht sieht, weiter existiert. Trotzdem braucht das Kind die Nähe seiner Bindungspersonen oder ihm vertrauter Menschen. Auf Fremde reagiert das Kind zunächst mit Angst und Abweisung.
12–23 Monate	Die Hauptphase des „Fremdelns": Das zunehmend mobile Kind will den Anschluss an Hauptbindungspersonen nicht verlieren und ist Fremden gegenüber kritisch; ein Kitastart in dieser Phase benötigt eine behutsame Eingewöhnung mit Elternbegleitung je nach Kind von zwei bis vier Wochen; in der Kita sollte das Kind eine konstante Bezugsbetreuerin haben.
2 Jahre	Von nun an fällt es Kindern in der Regel leichter, Vertrauen zu neuen Personen zu fassen.

grau = Phase des Fremdelns

In der Hochphase des Fremdelns spielen Kinder sehr gerne Spiele, bei denen eine Person oder ein Gegenstand kurz verschwindet und dann wiederauftaucht („Guck-guck!"). Auch erste kleine Versteck- und Fangenspiele sind möglich. Die Ein- bis Zweijährigen sind dann ganz in ihrem Element, müssen häufig lachen, weil sich die durch die Trennungsangst erzeugte innere Spannung löst – eine schöne kleine Hilfe für Kinder, die sich gerade irgendwo ein- oder umgewöhnen müssen.[6]

Noch ein Hinweis: Vielleicht denken manche, ihr Kind sei nicht sicher gebunden, wenn es anfangs beim Abschied in der Kita weint. Das Gegenteil ist der Fall. Weinen bei Trennung und Sich-schnell-wieder-Beruhigen bei Rückkehr von Mama oder Papa sind Merkmale einer sicheren Bindung. Unsicher gebundene Kinder dagegen zeigen kaum Regungen, egal ob beim Abschied oder beim Wiedersehen, oder lassen sich beim Abholen kaum beruhigen, wollen Trost, treten aber gleichzeitig um sich.

In der Beschreibung des „Berliner Eingewöhnungsmodells" wird darauf hingewiesen, dass sicher gebundene Kinder zwei bis drei Wochen Eingewöhnungszeit brauchen, unsicher gebundene Kinder dagegen nur ein- bis eineinhalb Wochen. Wie traurig, oder? Es gibt Mädchen und Jungen, die von klein auf daran gewöhnt sind, sich nie ganz auf jemanden verlassen zu können, sodass sie sich – früh abgestumpft – in Rekordzeit mit fremden Situationen abfinden.[7]

Wann und wie soll ich mich von den Signalen des Babys leiten lassen?

Das Neugeborene braucht so viel Mama, so viel Papa, so viel Nähe, Wärme, Körperkontakt, so viel Anlächeln, Zuzwinkern, kosende Worte, Singen, Streicheln wie nur möglich. Es braucht die Gewissheit, dass sofort jemand kommt, wenn es weint. Es ist neu auf dieser Welt, und das sollte eine Welt sein, in der warme Milch fließt und seine Liebsten möglichst hautnah bei ihm sind. Es bekommt seine Nahrung nach Bedarf, darf ganz nah bei Mama schlafen und wird viel am Körper getragen. Je feinfühliger die Eltern oder andere Bezugspersonen die Signale des Säuglings deuten und darauf reagieren, desto erfolgreicher verläuft die Bindung. Das Kind merkt: „Dies ist ein guter Ort, prima Leute um mich herum, hier kann ich bleiben. Und offenbar bin ich richtig, so wie ich bin."

Feinfühligkeit bedeutet, die Signale des Kindes zu achten. Wenn das Baby etwas älter ist und beim Füttern den Mund zukneift oder sogar auf den Löffel schlägt, dann höre ich auf, es zu füttern. Über seine Grundbedürfnisse weiß es besser Bescheid als ich. Offensichtlich ist es satt. Ich dränge kein Essen auf. Meine Aufgabe ist es, Angebote zu unterbreiten. Zum Beispiel mit dem Schnuller sanft über seinen Mund zu streichen, um herauszufinden, ob es daran saugen möchte.[8] Meine Aufgabe ist es nicht, ihm den Schnuller in den Mund zu pressen. Spuckt es ihn im hohen Bogen aus, weiß ich Bescheid. Und wenn ich das weinende Baby mit einer Rassel ablenken will, es aber weiter weint und den Rücken durchdrückt, kann ich sicher sein: Ich bin auf dem Holzweg mit meinem Rasselgefuchtel. Häufig ist weniger zu tun, als wir denken. Manchmal reicht es, das Baby mit den immer gleichen Lauten zu beruhigen oder mit sanfter Stimme zu sagen: „Alles ist gut. Du kannst dich entspannen." Manchmal weint es, um wieder in seine Balance zu kommen. Und das darf dann auch sein.

Nach dem warmen Willkommen, bei dem sich alles um das Kind drehte, ist es bereit für die nächsten Entwicklungsschritte. Diese Schritte sind das, was Wissenschaftler eine „soziale Revolution" nennen. Sie findet in der zweiten Hälfte des ersten Lebensjahres statt. Das Baby lernt nun allmählich, sich nach den Menschen zu richten, in deren Kreis es hineingeboren wurde. Es kann nun seine Bedürfnisse schon ein wenig aufschieben und in der Wippe vor der Duschtür warten, bis Mama sich den letzten Schaum aus den Haaren gespült hat. Es begreift mehr und mehr, dass sich Oma, die kurz in ein anderes Zimmer verschwunden ist, nicht in Luft aufgelöst hat. Und es registriert immer deutlicher, wie Mama oder Papa auf bestimmte Ereignisse reagieren, und holt sich damit zunehmend eine soziale Rückversicherung für sein Handeln. Das Kind spürt: „Oh, das mag Mama gar nicht." – „Jetzt aber freut sie sich sehr." Es ist bereit für eine Lenkung durch seine Bindungspersonen. Der Bedarf, sich führen zu lassen, ist quasi in ihm angelegt. Geschieht das nicht, und die Eltern lassen sich weiterhin allein von den Impulsen des Kindes lenken, wird es tief verunsichert.

In dieser Phase, zwischen dem sechsten und zehnten Lebensmonat, findet also ein wichtiger Richtungswechsel statt. Nun folgen nicht mehr die Eltern dem Kind, sondern das Kind lernt mehr und mehr, den Eltern zu folgen. Auch im Wortsinn: Allmählich kann es robben, krabbeln, und schließlich lernt es zu laufen. Es kann sich selbst auf seine Bezugspersonen zubewegen, wenn es etwas braucht. Das sind die zarten Anfänge von „Ich habe etwas allein geschafft". In solchen Momenten regnet es im Gehirn Glückshormone. Und wehe, Eltern nehmen dem Kind diese beglückende Erfahrung aufkeimender Selbstwirksamkeit.

Die Bindungsforscherin Karin Grossmann filmte, wie eine Mama mit ihrem etwa acht Monate alten Baby allein in einem Raum auf dem Boden saß. Das Kind konnte sitzen, aber noch nicht krabbeln, und deshalb eine große Holzrassel, die in einiger Entfernung auf dem Boden lag, nicht erreichen. Die Mutter strahlte eine große Ruhe aus. In einem Zustand liebevoller Präsenz saß sie still neben dem Kind. Das einzige, das sie irgendwann tat, war, die Holzrassel etwas näher zum Kind hinzuschieben. Und jetzt kommt das Entscheidende: Sie hat ihrem Baby nicht das Spielzeug gereicht, sondern lediglich den Abstand zwischen Kind und Rassel verringert. Mehr als eine Minute saß die Mama da und hielt es aus, dass das Baby mit Mühe immer mehr zur Rassel hin rutschte und sie mit größter Anstrengung endlich in seine kleinen Hände bekam.

„Als Mama hätte ich das nie im Leben geschafft. Aber Karin Grossmann hat mir das Video gezeigt und gesagt: ‚Das ist Feinfühligkeit!'", erinnert sich Fabienne Becker-Stoll, Leiterin des Staatsinstituts für Frühpädagogik in München, die bei den bekannten Bindungsforschern Klaus und Karin Grossmann studiert hat.[9]

Ist das nicht beeindruckend? Jeder von uns würde denken, es sei liebevoller, dem Baby zu helfen und ihm das Spielzeug schnell zu reichen. Wie kann die Mama so hart sein und das Kleine sich in dieser Weise abmühen lassen? Warum kommt sie seinen Bedürfnissen nicht nach?

Ein Detail aus dem Ende der Szene ist noch wichtig zu erwähnen: Das Kind hat regelrecht gejuchzt, als es aus eigener Kraft den Abstand überwunden hat und die Rassel endlich in seinen Händchen hielt. Eine solche Herausforderung zu meistern, führt zu großer Ausschüttung von Glückshormonen im Gehirn.

Welch ein starker Ausdruck von Liebe kann es sein, nichts zu tun! Wie viel achtsamer ist diese Reaktion, als allein die Bedürfnisäußerungen des Kindes zur Leitlinie seines Handelns zu machen!

Was Eltern von Babys und Kleinkindern deshalb benötigen, ist Feinfühligkeit. Gemeint ist ein Gespür dafür, wann das Kind Unterstützung braucht und wann ein größerer Weiterentwicklungsschritt darin liegt, dem Kind Raum für eigenes Handeln zu geben. Das klingt komplizierter, als es ist. Man könnte es auch „Mut zur Lücke" nennen.

Nach den ersten Monaten mit nahezu hundertprozentiger Bedürfnisorientierung können sich Eltern in der zweiten Hälfte des ersten Lebensjahres mehr Gelassenheit gönnen. Zum Beispiel folgendermaßen:

a) Ich will noch schnell die Mail zu Ende schreiben, ehe ich mein Kind stille? Kein Problem. Ich bin ja da, sage ein paar beruhigende Worte und bringe auf dem Rechner meinen Gedankengang zu Ende.

b) Ich habe mir gerade die Nägel lackiert und kann jetzt keine Bauklotz-Hochhäuser bauen? Kein Stress. Ich sitze in liebevoller Präsenz neben meinem Krabbelkind und bin gespannt, auf welche Lösungen es von selbst kommt.

c) Nach ausgiebigem Stillen und Wickeln habe ich mein Kind auf den Teppich in der Wohnküche gelegt. Eigentlich wollte ich mit ihm spielen, ehrlich gesagt, ist es mir aber lieber, den Abwasch zu machen. Das Baby sieht mich und hört mein Geschirrklapper-Konzert. Ich hänge ein wenig meinen Gedanken nach, und als ich mich wieder dem Kind zuwende, sehe ich, dass es rückwärts auf das Parkett gerobbt ist und gerade erforscht, wie es wohl unter dem Teppich aussieht.

Meine Beispiele sollen kein Aufruf sein, das Baby länger allein zu lassen. Die Nähe der Eltern gibt ihm Sicherheit und ist unerlässlich für den Aufbau einer sicheren Bindung (siehe Kapitel „Wie entsteht Bindung?"). Wenn euer Kind aber den achten oder neunten Lebensmonat erreicht hat, solltet ihr darauf achten, eure liebevolle Rundum-Fürsorge nicht zum Drang werden zu lassen, das Baby immerzu bei Laune zu halten. Ihr könnt jetzt „in einen anderen Gang schalten". Denn ihr wisst: Ab und zu schadet ein kleines Warten nicht, sondern ist der zarte Keim von Selbstbewusstsein.

Dazu eine Situation an einem heißen Sommertag am Bahnhof: Eine Frau stand auf dem Bahnsteig, ihr Baby in einem Tuch auf dem Rücken tragend. Der Zug ließ lange auf sich warten. Das Baby weinte. Ich hatte gesehen, dass es zuvor auf einer Bank gestillt und gewickelt worden war. Zudem saß es bei seiner wichtigsten Bezugsperson auf dem Rücken. Für die Mama gab es also nichts zu tun, außer es leicht zu wiegen und von Zeit zu Zeit schnalzende Geräusche zur Beruhigung von sich zu geben.

Ich wäre als Mama mit meinem ersten Kind in dieser Situation kopflos geworden und in einen blinden Aktionismus ausgebrochen. „Was kann es nur haben? Was mache ich falsch? Es darf doch nicht weinen. Ich muss unbedingt etwas finden, sodass es wieder rundum glücklich ist." Damit wäre alles nur schlimmer geworden. Zusätzlich zur Hitze und zum Warten hätte sich das Baby mit der Unsicherheit seiner Mama herumschlagen müssen – und das ist zutiefst beängstigend für solch kleine Wesen. „Was? Meine wichtigste Beschützerin ist verunsichert? Dann muss ja wirklich mit dieser Welt etwas nicht stimmen."

Die Mama am Bahnhof blieb jedoch ganz gelassen und sendete damit das entscheidende Signal an ihr Baby: „Alles ist gut!" Dadurch und durch sein eigenes Weinen (ja, Weinen ist auch ein Mittel zur Selbstregulation) beruhigte sich das Kleine und irgendwann kam auch der Zug.

Kleine Menschen brauchen eine Grundverlässlichkeit ihrer wichtigsten Bezugspersonen. Sie benötigen keine perfekte Erfüllung all ihrer Wünsche und Bedürfnisse. So ist das Leben einfach nicht. Und sie sind ja hier, um das Leben kennenzulernen.

Dazu drei Expertenstimmen:

Fabienne Becker-Stoll, Leiterin des Staatsinstituts für Frühpädagogik in München und Bindungsforscherin:
„Die perfekte Beantwortung aller kindlicher Signale ist aus bindungstheoretischer Sicht nicht nur unmöglich, sondern auch gar nicht empfehlenswert. [...] Wenn die Kinder in jeder Situation eine perfekte Erfüllung ihrer Bedürfnisse erleben würden, dann wäre es für sie unmöglich, ein stabiles Gefühl von sich selbst als unabhängig von den Eltern zu entwickeln."[10]

Mechthild Papoušek, Entwicklungspsychologin:
„Die besten Bedingungen bieten ausgerechnet die Eltern, die es nur einigermaßen gut machen. Schon Säuglinge versuchen nämlich, Interaktionsstörungen [...] zu beheben oder sich selbst zu regulieren. Wiederholte liebevolle Reaktionen der Eltern sind wichtig, weil das Kleinkind dadurch lernt, dass verlässlich jemand da ist. Wiederholte Störungen sind ebenfalls wichtig, weil sie es dem Kind ermögli-

chen, Selbstwirksamkeit und Stresstoleranz zu entwickeln."[11]

Karin und Klaus Grossmann, Autoren der berühmten Studie, für die fast hundert Kinder von ihrer Geburt bis zum Erwachsenwerden wissenschaftlich begleitet wurden:

„Die feinfühlige Bindungsperson nimmt dem Kind [...] nichts ab, was es selbst tun könnte und meist auch möchte."[12]

Die sieben wichtigsten Punkte zum Thema „Wann und wie soll ich mich von den Signalen des Babys leiten lassen?":

1 Möglichst hundertprozentige **Bedürfnisbefriedigung** in den ersten Monaten

2 **Sicherheit** und Selbstvertrauen der Eltern statt Perfektion

3 **Grundverlässlichkeit** der wichtigsten Bezugspersonen, gleichzeitig etwa ab der zweiten Hälfte des ersten Lebensjahres an **kein ständiges Bei-Laune-Halten**

4 **Richtungswechsel**: Nicht nur die Eltern folgen den Bedürfnissen des Kindes, auch das Kind kann zaghaft anfangen zu lernen, sich an den Bedürfnissen der Familie zu orientieren.

5 **Feinfühligkeit** der Bezugspersonen ist entscheidend. Spüren, wann das Baby Hilfe braucht und wann Raum zum Selbsttun und Selbstregulieren

6 **Erste kleine Frustrationen** sind nicht schlimm, sondern ein Weiterentwicklungsmotor.

7 Es gilt nicht: „Je mehr (Aufmerksamkeit, Körperkontakt, Milch, ...), desto besser", sondern **„Je feinfühliger, desto besser"**.

Wie kann ich die „Bedürfnisorientierte Erziehung" sinnvoll erweitern?

In den vergangenen Jahren ist die „Bedürfnisorientierte Erziehung" (auf Englisch „Attachment parenting") in Deutschland sehr populär geworden. Es gibt Blogs, Bücher und sogar Kongresse zu dem Thema. Susanne Mierau, Katja Seide und Danielle Graff („Das gewünschteste Wunschkind aller Zeiten treibt mich in den Wahnsinn"), Julia Dibbern und Nicola Schmidt sind einige von vielen Autoren, die im deutschsprachigen Raum für diesen Trend stehen.

Ihren Anfang nahm die Bewegung bei dem US-amerikanischen Kinderarzt William Sears und seiner Frau Martha. Kern ihres „Attachment parenting" ist, sich in der Betreuung des Kindes ganz auf die Bedürfnisse des Babys auszurichten und ihm durch eine stabile Bindung ein belastbares Fundament für sein ganzes Leben zu geben. Stillen nach Bedarf, Tragen in einem Tuch am Körper, gemeinsames Schlafen im Elternbett und sich im Wesentlichen von den Signalen des Kindes leiten lassen.

Wir haben es den Pionieren der „Bedürfnisorientierten Erziehung" zu verdanken, dass vieles, was als Hippie-Style galt – Tragen im Tuch, langes Stillen, in einem Bett schlafen – gesellschaftsfähig geworden ist. Wie wunderbar, dass es inzwischen Tragehilfen für jeden Geschmack gibt und sogar Mäntel mit Einsatz, damit der Säugling noch mit darunter passt! Wie sehr hätte ich mich damals gefreut, hätte man schon – wie heute – die verschiedensten Modelle von Babybetten angeboten, die man am Rahmen des Elternbettes einhängen kann! Und wie schön, dass man inzwischen auch Businessfrauen trifft, die die Seidenbluse aufknöpfen, um zwischendurch ihren Säugling zu stillen. Mütter (und auch Väter), die irgendwo an ihrem Körper ein Baby tragen, sieht man nicht mehr nur in Dokumentationen über indigene Völker, sondern in jeder Großstadt-S-Bahn. Das Thema „Urvertrauen" ist mitten in unserer Gesellschaft angekommen.

Zum Glück ist es für viele kleine Menschen endlich Geschichte, dass man sie zur vermeintlichen Abhärtung schreien ließ, sie strikt nach Plan fütterte oder allein in einem Kinderzimmer zum Schlafen legte. Der Wandel war überfällig. Inzwischen sind der viele Körperkontakt und das verlässliche Eingehen auf die Bedürfnisse der Kleinen genau das, was die Fachwelt einmütig empfiehlt, und die meisten Babys genießen heute mehr Nähe als vor einer und ganz bestimmt vor zwei oder drei Generationen. So haben immer mehr Kinder einen guten Bindungsstart, und es lohnt, sich weiter dafür einzusetzen, dass jedes Baby so viel Nähe und Achtsamkeit erfährt, wie es braucht.

Ihr habt es schon geahnt: Die obigen Sätze steuern auf ein „Aber" zu. Wie so häufig, wenn wir einen Missstand (dubiose Abhärtungsprogramme oder Vernachlässigung von Kindern) beheben wollen, fallen wir leicht auf der anderen Seite vom Pferd. Aus Erfahrungsberichten meiner Blogleser und von den Eltern, die mich um ein Coaching baten, weiß ich, dass eine zu lange einseitige Ausrichtung an den Wünschen und Bedürfnissen des Kindes Familien an die Grenzen ihrer Belastbarkeit bringt. Und hier komme ich noch einmal zurück zum Stichwort „Soziale Revolution" aus dem Kapitel „Wann und wie soll ich mich von den Signalen des Babys leiten lassen?": Wenn ich nicht in der zweiten Hälfte des ersten Lebensjahres so langsam die

Richtung umkehre von „Ich folge ganz dem Kind" zu „Auch das Kind folgt mir", gerät unser Miteinander aus der Balance. „Ich habe doch wirklich alles gemacht", höre ich dann über das Verhalten von Drei- oder Vierjährigen, „ihm viel Nähe gegeben und seine Bedürfnisse nach Kräften erfüllt. Wieso ist mein Sohn so unzufrieden? Warum schreit er mich an oder haut mich sogar? Warum hat meine Tochter immer diese Ausraster? Wir tun doch schon alles."

Es sind die besonders gut meinenden Eltern, die an ihre Grenzen stoßen. Es sind die Eltern, die auch den letzten Zipfel Schlaf opfern und jeden Wunsch erfüllen, obwohl sie innerlich Amok laufen, und es sind die Eltern, die sich tagelang Vorwürfe machen, wenn sie doch mal die Stimme erhoben, an einem Ärmchen gezerrt oder ihnen der Satz „Jetzt ist Schluss! Basta!" herausgerutscht ist. Sie meinen dann, sie hätten nicht genug Liebe gegeben und forschen noch tiefer nach vermeintlich unerfüllten Bedürfnissen ihres Kindes. Meistens führt das nicht zur Entspannung. Und dass das Zusammensein eine Freude sein könnte, gerät gänzlich in Vergessenheit. „Doch, doch", beschwichtigen die Eltern dann, „es gibt auch schöne Momente." Es fällt ihnen nur kaum einer ein.

Auch Bindungsforscherin Fabienne Becker-Stoll beobachtet bei Mamas, die bedürfnisorientiert erziehen, zuweilen eine große Ängstlichkeit, ja kein Signal des Kindes zu verpassen.

„Studien zeigen, dass Eltern, die den Anspruch haben, perfekt auf Bedürfnisse des Kindes einzugehen, sehr angespannt sind. Und das ist nicht gut für die Beziehung zwischen Mama beziehungsweise Papa und dem Kind." Wichtig sei, so Becker-Stoll, in der Familie miteinander glücklich zu sein, und eine angespannte Haltung wie „Oh Gott, oh Gott, was braucht mein Kind jetzt?" möglichst zu vermeiden.[13]

Was könnte es leichter machen?

Gehen wir einmal zurück zu der Szene, die die Bindungsforscherin Karin Grossmann gefilmt hat, zurück zu der Mama, die ihrem acht Monate alten Kind die Rassel nicht gereicht, sondern nur näher hingeschoben hat. Wäre diese Mutter dem Wunsch des Babys nachgekommen und hätte ihm das Spielzeug gegeben, wäre das überhaupt nicht schlimm gewesen. Gleichzeitig hätte sie eine Chance verstreichen lassen, dem Kind zur Weiterentwicklung und zur Stärkung seines Selbstgefühls zu verhelfen. Wohlgemerkt, eine klitzekleine Chance, doch im Alltag macht es die Summe.

Natürlich sitzen wenige Erwachsene mit Kleinkindern in Räumen herum und legen Spielzeuge in für sie fordernder Reichweite aus. Im Alltag entstehen solche Situationen beiläufig, wenn ich zum Beispiel meine Bedürfnisse als Mama so ernst nehme, dass ich meinen Kaffee erst zu Ende trinke, ehe ich mich zu dem Zwerg auf den Boden setze, dass ich mir erlaube, eine Arbeit kurz zu Ende zu bringen, ehe ich wieder zur Stelle bin, dass das Kleine zwar immer in meiner Nähe ist, aber nicht ständig im Mittelpunkt steht.

Wenn das Baby Geschwister hat, wird das zwangsläufig passieren, weil es bei der ganzen Arbeit gar nicht möglich ist, auf jeden Laut sofort zu reagieren. Und die Eltern müssen sich deshalb nicht schlecht fühlen. Im Gegenteil: Wenn sie nicht immer gleich zur Stelle sind, entstehen viele Möglichkeiten für das Kleinkind, allein die Rassel zu erreichen, eine Teppichfranse zu untersuchen oder sich nach den Wollmäusen unter dem Sideboard zu strecken. Das ist auch der Grund, warum Zweitgeborene sich häufig besser selbst beschäftigen können und leichter in selbstversunkenes Spiel finden als die Erstgeborenen, die bei sehr besorgten Eltern nahezu süchtig nach Aufmerksamkeit werden.

Nicht mehr reflexhaft auf jedes Signal des Kindes einzugehen, ist nach einigen Monaten folglich eine wichtige Erweiterung im Verhaltensrepertoire der Eltern. Schon das Ehepaar Sears wies darauf hin, dass auch die Bedürfnisse der Mutter und der ganzen Familie Berücksichtigung finden sollten. Bei den sieben Empfehlungen („Die sieben BabyBs") des amerikanischen Kinderarztes und seiner Frau kommt dieser Rat allerdings an letzter Stelle und wurde erst später hinzugefügt, eine Gewichtung, die ich zu schwach finde.

Ich bin überzeugt, dass „Bedürfnisorientierte Erziehung" bei Eltern, die von Natur aus gut für sich sorgen und ihrer Führung sehr sicher sind, gut funktionieren kann. Als junge Mama war ich das nicht. Ich habe die Individualität meines Kindes und seine Lebensäußerungen so sehr achten wollen, dass ich meine Bedürfnisse komplett hintenanstellte. Das hat weder mir noch unserem Erstgeborenen gutgetan. Die Möglichkeiten, ihn liebevoll zu führen, wie ich sie in den folgenden Kapiteln beschreiben werde, waren mir noch nicht bekannt. So habe ich unserem Sohn zu wenig Sicherheit und Halt gegeben, was später zu Wutausbrüchen und Schreiattacken führte. Bei seiner Einschulung war ich dann so erschöpft, dass ich mir Hilfe holte, endlich etwas für mich tat und ein Persönlichkeitstraining buchte. Meine neue Stärke brachte die Wende für meine Familie zu einem entspannten und deutlich fröhlicheren Miteinander.

Mehr Führung und mehr Zutrauen in das Kind, weniger Ängstlichkeit und mehr Selbstfürsorge auf Seiten der Eltern – so kann auch „Bedürfnisorientierte Erziehung" funktionieren.

„Ich kenne so viele Mamas," erzählte mir Deutschlands bekannteste Paartherapeutin Eva-Maria Zurhorst anlässlich eines Bloginterviews, „die liegen jeden Abend mit dem

Kind im Bett, weil sie sagen, ‚das Kind braucht das, sonst schläft es nicht'. Das Kind braucht dieses und das Kind braucht jenes. Von jedem kleinen Wesen geht ein unendliches Brauchen aus, aber dieses unendliche Brauchen ist in der Tiefe nicht die Wahrheit. Die Wahrheit ist, dass jeder Mensch alle Liebe und Verbundenheit in sich trägt und lernen muss, diese Verbindung zu entdecken. So ist mein Job als Mutter nicht, allem nachzugeben, sondern aus meiner eigenen Liebe heraus da zu sein und meinem Kind Grenzen zu setzen, wo es anfangen kann, aus sich selbst zu schöpfen. Es geht nicht um die Quantität als Mutter. Ich kenne so viele Mütter, die stillen und gleichzeitig am Handy hängen, in der Gegend herumgucken, fernsehen oder irgendwas anderes machen. Damit tue ich meinem Kind keinen Gefallen. Aber wenn ich sage ‚Jetzt bin ich da' oder aber auch ‚Jetzt ist Ende', dann spürt das Kind sofort, ob ich eine klare Ausstrahlung habe oder eine klare Grenze zeige. Wenn das Kind vorher genährt und ich wirklich da war, kann es gut akzeptieren, dass jetzt Schluss ist mit Vorlesen oder Spielen oder was auch immer."[14]

Hinzu kommt, sich bewusst zu machen, wie sehr der Mensch von der ersten Stunde an ein soziales Wesen ist. Das Kind will als Individuum gesehen werden **und** gleichzeitig sich einer Gruppe zugehörig fühlen und sich anpassen. Sozialkompetenz ist angeboren. Schon Säuglinge greifen sehr viel beherzter nach dem Finger eines Menschen als nach einer Attrappe aus Holz.[15] Sie können schon in den ersten Tagen echte Stimmen von denen einer Maschine unterscheiden und ihr Gehirn setzt die Wörter, die sie von ihren Bindungspersonen aufschnappen, zu ihrer Muttersprache zusammen. Ein Kind muss Sozialverhalten nicht lernen. Es kann nur passieren, dass seine Eltern es ihm abgewöhnen, wenn sie über die ersten sieben oder acht Monate hinaus in der kompletten Bedürfnisbefriedigung steckenbleiben.

In unseren Haushalt ist vor sieben Monaten eine kleine Prinzessin eingezogen und ich merke, wie der Anspruch, sie immer glücklich zu machen, langsam schwierig wird. Jedoch halte ich ihr Meckern sehr schlecht aus. Ich bin mir im Klaren, dass das nicht gut ist. Aber wie reagiert man feinfühlig? Indem man mit dem Kind spricht, aber trotzdem nicht hingeht, oder seine Dinge erst erledigt und dann auf das Kind zugeht?

Eine typische Situation: Wir sitzen am Tisch und essen, die zwei großen Brüder, der Papa, das Baby seit neuestem im Hochstuhl und ich. Die Mausi hat was zum Knabbern in der Hand und bekommt auch Essen von unseren Tellern. Nach zehn Minuten ist bei ihr die Luft raus (verstehe ich), aber ich bin noch nicht fertig. Sie meckert also rum und mir schmeckt es nicht mehr. Nehme ich sie aber auf meinen Schoß, kann ich auch nicht weiteressen, denn dann kommen die kleinen Grabschhände und wollen meinen Teller. Wie reagiert man in so einer Situation feinfühlig, aber bestimmt?

Liebe Grüße

Anke

An dieser Stelle greife ich das oben beschriebene Beispiel von der Familienmahlzeit auf: Mama, Papa, die beiden Brüder und Prinzessin (sieben Monate) sitzen am Tisch. Was für eine schöne und wertvolle Zeit! Und was für eine wichtige Erfahrung von Gemeinschaft für das Baby. Es erlebt nicht nur das Essen und das Stillen von Hunger, sondern auch die Gruppe, in die es hineingeboren wurde.

Wie reden sie? Wann lachen sie? Warum ist jemand traurig? Wie ist ihre Beziehung zu mir? Ich scheine auch ein Teil dieser Gruppe zu sein! Das fühlt sich gut an. Ich lerne jede Menge neuer Wörter kennen. Nie fällt es mir leichter, sie zu lernen, als wenn ich inmitten meiner Lieben sitze.

Der Mensch ist das sozialste Wesen, das es auf diesem Planeten gibt. Ja, auch Tiere kooperieren, jagen zusammen, holen sich gegenseitig die Läuse aus dem Pelz ..., aber kein anderes Lebewesen kann zusammen mit anderen Pläne schmieden, die Pläne umsetzen und die Früchte der gemeinsamen Arbeit teilen. Das ist höchst anspruchsvoll, und auch deshalb hockt der kleine Mensch so lange im „Nest" wie kein anderes Tier. Diese Jahre sind nicht nur dazu da zu lernen, welche Bedürfnisse ich selbst habe und wie ich sie am besten befriedigt bekomme, sondern auch, um zu lernen, wie ich am besten in eine bestehende Gruppe, meine Familie, hineinwachsen und lernen kann, auch die Bedürfnisse der anderen zu achten und zu erfüllen. Der Verhaltensbiologe Michael Tomasello fand heraus, dass nur der Mensch die Zeige-Geste kennt, um Erlebnisse mit anderen zu teilen. Menschenaffen zeigen zwar auch auf Objekte, aber sie deuten nur auf Futter, und zwar, um es zu bekommen. Der kleine Homo Sapiens jedoch zeigt zum Beispiel auf ein vorbeifahrendes Auto. Und zwar im Sinne von: „Guck mal, Mama, wie erstaunlich!" Schon Einjährige können und wollen das Erlebte mit ihren Liebsten teilen.[16]

Ich schreibe diesen kleinen Exkurs, um die Haltung zu dem gemeinsamen Essen zu verändern. Ich kann als Eltern die Haltung haben: „Oh, das arme Kind. Jetzt muss es so lange am Tisch sitzen. Das ist sicher schwer auszuhalten für die Kleine! Welches Bedürfnis mag hinter ihrem Meckern stehen? Welches muss ich befriedigen? Möchte sie vielleicht lieber diese oder jene Soße? Braucht sie ein Kissen? Hat sie Durst?"

Oder ich kann mir klar machen: „Hey, welch ein Glück! Wir sind eine Familie. Wir gehören zusammen. Und die Mahlzeiten sind ein besonders wertvoller Moment des gemeinsamen Erlebens. Wie schön, dass unser Baby neuerdings schon mit am Tisch sitzen kann. In kaum einer anderen Situation wird mehr soziales Lernen stattfinden als in dieser. Ich genieße als Mama diese Zeit. Endlich können sich alle austauschen. Und das Baby sitzt mittendrin. Kaum eine Situation könnte sicherer und schöner für das kleine Mädchen sein."

So, jetzt habe ich schon mal eine neue Haltung. Ich kann die Situation mit neuen Augen sehen. Nicht mehr als Zumutung, sondern als unglaublich wertvoll für die kleine Prinzessin. Schon das wird langsam die Situation verändern. Denn kleine Babys sind hochsensibel für solche Signale.

Trotzdem wird sie nicht endlos in ihrem Hochstuhl sitzen wollen. Ist schon klar. „Ich kann dich jetzt nicht aus deinem Stuhl nehmen. Ich will noch fertig essen", ist eine wichtige Ansage. Wieder was gelernt. „Mama hat auch Bedürfnisse und steht für sie ein." Dann nimmt Papa sie vielleicht auf den Schoß oder einer der Brüder holt etwas zum Spielen aus den Küchenschubladen. Und wenn Mama fertig ist, kann sie auf ihren Schoß rüber rutschen. Das alles geschieht sehr beiläufig. Endlich liegt der Fokus auf der Gruppe. Man genießt das Essen und das Zusammensein. Ja, und sicher richten die Eltern ein besonderes Augenmerk auf das kleinste Familienmitglied, aber nicht nur. Welch eine Erleichterung für das Kind! Ich bin kein Sonderling mit Spezialbedürfnissen, sondern darf immer mehr dazugehören.

An dem Beispiel wird klar, dass der „Anspruch, die Kleine immer glücklich zu machen", wie Leserin Anke es formulierte, zum Gegenteil führt. Genauso wie Kinder als einzigartige Persönlichkeit gesehen werden wollen, brauchen sie das Gefühl von Zugehörigkeit zu einer Gruppe.

Wenn ich mich als Eltern nach den ersten Monaten, in denen der Neuankömmling tatsächlich Priorität haben sollte, locker mache, wieder mehr tue, wonach mir der Sinn steht, und begreife, dass dieses kleine Wesen kein Bündel an Bedürfnissen ist, sondern geniale Anpassungsfähigkeiten mitbringt und sie auch einsetzen will, ist viel gewonnen.

Die sieben wichtigsten Punkte zum Thema „Wie kann ich die ‚Bedürfnisorientierte Erziehung' sinnvoll erweitern?":

1 Die Anregungen aus der Bedürfnisorientierten Erziehung als **Starthilfe** betrachten, das Baby nach Herzenslust **verwöhnen** und viel Nähe genießen

2 Dann langsam die Bedürfnisse des Kleinen mit den eigenen und denen der Familie **in Balance bringen**

3 **Soziale Anlagen** des Kindes aufgreifen

4 Es lieber als **stark**, denn als bedürftig ansehen

5 **Zugehörigkeit zu einer Gruppe** und **Gelegenheiten zur Anpassung** ebenso als Grundbedürfnisse begreifen wie Trinken, Essen, Schlafen, Körperkontakt und Ansprache

6 Die **Haltung**, Familienleben sei eine Zumutung für das Kind, erst gar nicht aufkommen lassen

7 Mein Kind lieber mit **Lebenslust** anstecken als mit Ängstlichkeit

Noch ein paar Zeilen zum Zeitpunkt der Richtungsumkehr: In etlichen Ratgebern heißt es, Kinder sollten im ersten Jahr bedürfnisorientiert begleitet werden. Neuerdings wird die Phase der Bedürfnisbefriedigung weit in das Kindergartenalter hinein verlängert.

Jedem ist klar, dass keine Familie morgens aufwacht, in den Kalender schaut und weiß: „Oh, ab heute müssen wir unser jüngstes Mitglied stärker mit den Anforderungen der Großen konfrontieren." Das ist ein behutsamer Prozess. Das Kind kommt immer mehr in seine Kraft und braucht – wie wir an dem Beispiel mit der Rassel gesehen haben – schon mit acht Monaten ein kleines bisschen Raum für das Erlebnis, Bedürfnisse selbst befriedigen zu können. Diesen klitzekleinen Raum permanent anwachsen zu lassen, das macht Kinder stark.

Wie kann ich den Nachfolgewillen einsetzen?

Der Begriff „Nachfolgewillen" ist eine Schöpfung der Schweizer Therapeutin und Buchautorin Rita Messmer. Ihre Arbeit ist seit Jahrzehnten darauf ausgerichtet, die Fähigkeiten, die in Kindern von ganz klein auf angelegt sind, zu achten und sich entwickeln zu lassen, anstatt sie durch vorauseilendes Dauerkümmern im Keim zu ersticken. Soziale Fähigkeiten, psychologische Fähigkeiten, motorische Fähigkeiten ... so ein kleiner Mensch ist ein Wunder! Es fängt damit an, dass das Neugeborene sich von ganz allein Millimeter um Millimeter zu den Brustwarzen hocharbeitet, wenn man ihm nach der Geburt Zeit und Ruhe auf dem Bauch seiner Mutter gönnt, wie Videos aus Studien der schwedischen Forscherin Ann-Marie Widström und ihren Mitarbeitern zeigen.[17] Und es setzt sich damit fort, dass das Baby von allein krabbeln, laufen und sprechen lernt.

In den ersten Monaten nach seiner Ankunft auf dieser Welt braucht es ein All-inclusive-Angebot: fast hundertprozentige Bedürfnisbefriedigung, viel Körperkontakt und so viel Nähe zu Mama und Papa wie möglich. Gleichzeitig markiert seine größer werdende Mobilität den Einstieg in einen Richtungswechsel, der behutsam vonstatten gehen sollte und von dem schon in den vorangegangenen Kapiteln die Rede war.

Das Kind kann uns immer mehr nachfolgen. Das ist zunächst wörtlich gemeint: In der Baby-Turngruppe kann es zu uns krabbeln, wenn es Nähe tanken möchte, auf dem Spielplatz kann das etwas ältere Kind zu uns kommen, wenn es unsere Unterstützung braucht.

Auch im übertragenen Sinne verstehe ich den Nachfolgewillen als eine zunehmende Fähigkeit des Kindes, sich an sein soziales Umfeld anzupassen, statt auf Jahre hinaus alles passend gemacht zu bekommen. Der Drang, den Anschluss an „seine" Gruppe zu halten, ist dem Kleinkind angeboren, sonst hätte unsere Spezies nicht überlebt. Es gehört zu seiner Grundausstattung. Fördern und nutzen wir das nicht, fehlt ihm ein gesundes Gefühl von sich selbst und davon, einen Beitrag leisten zu können.

Wenn ich im Supermarkt oder auf Spielplätzen Erwachsene sehe, die ständig hinter einem Kleinkind herrennen, muss ich an eine Stelle aus dem Buch von Jean Liedloff denken, der Amerikanerin, die im venezolanischen Urwald bei dem Volk der Yequana gelebt und darüber geforscht hat, warum deren Kinder so auffallend glücklich sind. Sie schreibt: „Ein Kleinkind der Yequana würde es sich nicht im Traum einfallen lassen, sich auf einem Waldweg von seiner Mutter zu entfernen, denn sie blickt nicht um sich, um festzustellen, *ob* es wohl folgt, sie gibt ihm nicht zu verstehen, dass es eine mögliche Wahl gebe oder dass es *ihre* Aufgabe sei, sie zusammenzuhalten; sie verlangsamt lediglich ihren Schritt so weit, dass es mithalten kann."[18]

Kleinkinder bei uns in der westlichen Welt hingegen erleben Erwachsene als sorgenvolle Schatten auf fast all ihren Erkundungen. Dabei bietet das Prinzip des Richtungswechsels eine wichtige Chance: dass das Kind selbst die Initiative ergreifen muss und so in seine eigene Kraft kommt.

Einige Eltern werden jetzt protestieren. Sie würden nun mal nicht in einem Urwald leben und könnten wegen des Straßenverkehrs ihr Kind nicht zurücklassen, bis es ihnen endlich folge. Außerdem hätten sie es schon versucht. Als Noah oder Mia nicht bereit waren, den Spielplatz zu verlassen, hätten sie gesagt: „Ich zähle jetzt bis zehn und wenn du dann nicht kommst, gehe ich." Und dann wären sie hinter der nächsten Ecke verschwunden, aber Mia oder Noah wären trotzdem nicht gekommen. Das funktioniere also nicht mit dem Nachfolgewillen.

Der Aufbruch mit den Drei- oder Vierjährigen vom Spielplatz ist deshalb für so viele schwierig, weil die meisten es von klein auf gewöhnt sind, dass die Erwachsenen sich nach ihnen richten. Wenn die Eltern schlagartig die Idee haben, jetzt könnte es auch einmal umgekehrt gehen, verstehen die Kinder die Welt nicht mehr. Aus diesem Grund finde ich die Empfehlung der Schweizer Therapeutin so wertvoll, schon beim acht oder neun Monate alten Baby die Eigeninitiative aufzugreifen und zu fördern, sobald sie sich ein bisschen regt.

Ein Schlüsselerlebnis dazu hatte Messmer mit ihrer 13 Monate alten Tochter Simone. Sie war an einem Frühlingstag mit dem Mädchen am Gardasee. Immer wieder wollte die Kleine ins seichte Wasser. Da ihre Mama keine Kleider zum Wechseln dabeihatte, rannte sie ständig dem Kind hinterher, um zu verhindern, dass es nass wurde. Plötzlich hielt Messmer inne. Hatte sie sich nach der Lektüre von Jean Liedloff nicht geschworen, möglichst nie ihrem Kind hinterherzulaufen? Also zog sie das Kind splitternackt aus, setzte sich selbst gemütlich hin und sagte: „So, jetzt geh, aber ich hole dich nicht wieder zurück." Über diesen Kurswechsel der Mutter war Simone überrascht. Während sie vorher schnurstracks zum Wasser gekrabbelt war, hielt sie nun mehrfach inne und schaute zurück, ob ihre Mama noch da war. Rita Messmer musste sie sogar ermuntern, doch ruhig zum Wasser zu gehen. Dort endlich angekommen, hielt die Kleine mal die eine, dann die andere Hand hinein, wurde schließlich von einer kleinen Welle überrascht und hatte genug vom Wasser. Ihre Mama kleidete sie wieder an. In den nächsten Tagen hielt sich Simone selbst vom Wasser fern. Messmer konnte sie am Strand absetzen und sie spielte vergnügt mit ihrem Spielzeug, mit Steinen oder mit Mama. Sie hatte durch eigene Erfahrung gelernt, dass sie dem Element Wasser noch nicht gewachsen war und dass sie selbst dafür sorgen musste, in Mamas Nähe zu bleiben. „Ich schimpfte nicht, ich drohte nicht, ich wurde nicht wütend", schreibt Messmer, „ich saß gelassen da und gab ihr zu verstehen, dass sie selbst mit dem Wasser fertig werden musste. [...] So verhalf ich meiner Tochter zu mehr Selbstverantwortung."[19]

Den Nachfolgewillen zu fördern, hat nichts damit zu tun, das Kleinkind zu vernachlässigen, nicht zu beschützen, lieblos zu sein oder seine Bedürfnisse zu missachten. Im Gegenteil. Das Konzept berücksichtigt an Stelle oberflächlicher Wünsche tiefliegende Bedürfnisse: die Erfahrung von Wasser, die Erfahrung, sich selbst um seine Bedürfnisse kümmern zu können, die Erfahrung, die Wahl zu haben und sogar schon eigene Entscheidungen treffen zu können, in diesem Fall die Entscheidung zwischen dem Abenteuer und Mamas Schutz.

Was hat in der Situation am Strand die entscheidende Wende gebracht?

Das **Verhalten** der Mutter, nicht ihr **Reden.** Keine Erklärungen („Deine Kleider werden nass, Mama hat keine neuen dabei, du könntest krank werden und dann können wir gar nicht mehr an den Strand gehen..."), keine Versprechungen („Bleib hier, dann kaufe ich dir auch nachher ein Eis.") und keine Erpressung mit Gefühlen („Mama wird ganz traurig, wenn du nicht hier bei mir sitzen bleibst."), sondern das Entkleiden des Kindes, das schlichte Sich-Hin-setzen und Warten.

Wenn wir Eltern heute unser Kind dazu bewegen wollen, etwas zu machen oder zu lassen, verwenden wir gerne wort-reiche Erklärungen und versuchen, es liebevoll zu über-reden. Einen solchen Umgang mit unserem Kind halten wir für einen Ausdruck unserer Sanftmut und unseres Reflexi-onsgrades. Es muss doch einsehen, dass es mit der Latzhose nicht ins Wasser kann und wir den Strandbesuch sonst vor-zeitig abbrechen müssen. Bei manchen Eltern klingt das Einwirken auf ihren Nachwuchs, als würden sie eine Erklär-mir-die-Welt-Sendung für Kleinkinder moderieren. Das hat auch seinen Platz, wenn ich mit meinem Kind ein Bilder-buch anschaue, aber nicht, wenn ich sein Verhalten lenken möchte. Und ohne das wird es im Alltag nicht gehen.

Wir können das umsetzen, indem wir zum Beispiel:
- bei einem Spaziergang im Park oder beim Einkauf im Supermarkt langsam vorausgehen und die Richtung nicht von dem Zweijährigen bestimmen lassen.
- am Spielplatz auch mal auf der Bank sitzen und nicht die ganze Zeit mit im Sand.
- das Kleinkind auf unserem Schoß, das uns immer die Brille von der Nase zieht, kurz auf den Boden setzen, jedes Mal, wenn es das tut.

Das alles sind Verhaltenssignale. Kein Schimpfen, kein Dro-hen, nicht mal ein böser Blick ist nötig und wird auch nicht befürwortet. Wir zeigen nur durch unser Verhalten, wel-ches Verhalten des Kindes wir – nach seinen Möglichkeiten

– erwarten. Das ist die erste kleine Übertragung von Verantwortung auf das Kind. Und darin liegt ein großes Zutrauen in die kleine Person.

Ein Kind auf diese Weise zu begleiten, hat fast ausschließlich mit Biologie zu tun und nicht mit Psychologie. So wie es angeboren ist, dass der Säugling sich in einem bestimmten Zeitfenster nach der Geburt zu den Brustwarzen seiner Mutter bewegt, ist es auch angeboren, dass das Baby und Kleinkind die Verhaltensweisen seiner Bezugspersonen genau beobachtet, um daraus Rückschlüsse ziehen zu können, welches Verhalten von ihm erwartet wird. Das sieben Monate alte Kind, das auf dem Schoß seiner Mama die Brille aus dem Gesicht reißt und dafür wiederholt auf den Boden gesetzt wird, lernt, dass dieses Verhalten nicht erwünscht ist. Wer ein altes Gestell auf der Nase hat und wen das nicht stört, kann das Kind natürlich gewähren lassen. Weder ist das Baby böse noch das Verhalten allgemein zu verurteilen. Stört es mich hingegen, kann ich dieses Verhaltenssignal setzen, und das Kind findet sich auf dem Teppich zu meinen Füßen wieder.

Damals hätte ich gedacht, es handle sich hierbei um den klassischen Liebesentzug. Würde ich das brilleninteressierte Kind meiner Nähe berauben und zur Strafe in ein anderes Zimmer setzen, wäre das auch der Fall. Das bitte nicht tun! Es darf ja bei mir bleiben und wird auch bald wieder auf den Schoß gehoben, es bekommt nur kurz dieses Verhaltenssignal, damit es weiß, was Sache ist. Die Idee, es könnte sich deshalb ungeliebt fühlen, ist typisches Erwachsenendenken. In solchen Momenten fangen wir an zu psychologisieren und behandeln Kinder wie kleine Erwachsene, was ihnen in keiner Weise gerecht wird.

Wie sehr der Nachfolgewillen im Gegenteil mit Liebe und Respekt zu tun hat, zeigt ein Beispiel, das mir die Bindungsforscherin Fabienne Becker-Stoll in einem Interview gegeben hat. Zwar verwendet Becker-Stoll selbst nicht den Begriff „Nachfolgewillen", aber was sie aus einer Krippe in München berichtet, gehorcht aus meiner Sicht dem gleichen Prinzip. Nach ihrer Beschreibung handelt es sich bei der Krippe um eine Einrichtung, in der jede Erzieherin für eine bestimmte Zahl an „Bezugskindern" zwischen 12 und 36 Monaten zuständig ist. Wenn diese merkt, dass eines „ihrer" Kinder eine neue Windel braucht, tut sie Folgendes: Sie nimmt eine frische Windel aus dem Regal, hält diese sichtbar in der Hand und hockt sich damit in das Blickfeld des Kindes. Sie wartet, bis das Kind sie anschaut, und sagt dann freundlich: „Ich glaube, du brauchst eine neue Windel."

Mehr tut sie nicht. Sie wartet einfach, was passiert. Anfangs hätten die Mitarbeiterinnen bis zu zehn Minuten auf dem Boden gehockt, bis das Kind kam, um sich wickeln zu lassen. Nach ein paar Wochen aber holten die Kinder die Windel selbst aus dem Regal, wenn sie ins „Trockendock" wollten.

„Dadurch, dass die Bezugserzieherinnen den Kindern Raum und Zeit gegeben haben, selbst den Impuls für das Wickeln zu geben, lief die Sauberkeitserziehung völlig problemlos. Es gibt keine Machtkämpfe mehr. Die Veränderung ist phänomenal", so Fabienne Becker-Stoll.[20]

Auch in diesem Beispiel ergänzen die Worte lediglich das Tun. Die Erzieherinnen sagen: „Ich glaube, du brauchst eine neue Windel." Ein Satz. Mehr nicht. Dann hinsetzen, die Windel bereithalten, präsent sein und warten. Einige Zeit später klappt es sogar wortlos.

Mit der Idee des Nachfolgewillens kehrt die Würde in die Eltern-Kind-Beziehung zurück, denn die kann durchaus leiden, wenn willenlose Erwachsene zwischen Einkaufsregalen einem Kleinkind nachjagen. Gebe ich dem Kind dagegen den Raum, selbst mit einem Bedürfnis auf mich zu-zukommen, entdeckt schon das Baby seine Selbstwirksam-keit. Und Mama und Papa entdecken etwas kaum weniger Faszinierendes: die Führungskraft ihrer Person und ihrer Präsenz. Damit kann ich nicht erst anfangen, wenn das Kind drei oder vier Jahre alt ist. In diesem Alter wird es mühsam, weil sich bereits erste Zeitfenster für die Aktivie-rung des Nachfolgewillens geschlossen haben. Üble Macht-kämpfe entstehen, und irgendwann fängt man doch an zu drohen und zu schimpfen. „Es ist wichtig", sagt Rita Mess-mer, „dass, wenn das Baby unsere Nähe sucht, ich darauf achte, dass die Bewegung vom Kind herkommt, sobald es das kann, und nicht von mir."[21]

Das Verhalten, mit dem ich lenke, kann bestehen aus: Nichtstun, Warten, langsamem Aufbrechen, Signalgeben mit Gegenständen (Windel, Schuh, Jacke, Schlafanzug, … in die Hand nehmen), Bremsen meiner Unterstützung (nur so viel Hilfe geben, dass das Kind es allein kann, …), Dosie-ren von Aufmerksamkeit etc.

Die innere Haltung ist von großem Zutrauen in mein Kind geprägt. Es macht einen riesigen Unterschied, ob ich es als schwach und bedürftig betrachte oder als stark, voller Eigeninitiative und Fähigkeiten, die nur auf ihre Entfaltung warten. Für dieses Zutrauen ist niemand so empfänglich wie kleine Kinder. „Ich weiß, du schaffst das!" könnte unser Mantra werden. So schrieb meine Leserin Theresa in einem Blogkommentar: „Mein Lieblingssatz in deinem Beitrag ist: ‚Ich achte seine Bedürfnisse, kann ihm aber immer häufiger zumuten, auch auf meine zu achten.' Das Zumuten würde ich gerne noch um ein Zutrauen ergänzen. Diese Haltung habe ich von unserer Hebamme mitgenommen, die klar for-muliert, dass es bei allem Umgang mit dem Kind im We-sentlichen darum geht, dass wir unserem Kind auch zutrauen, dass es meinen Raum respektieren und meine Regeln einhalten *kann*. Diese Perspektive prägt unseren Alltag und tut mir gut, sie macht für mich vieles leichter."

Zutrauen ins Kind und Zutrauen in mich selbst als Mama oder Papa gehört auch dazu. „Vertraust du deiner eigenen Führungsstärke?", frage ich manchmal Eltern in meinem Coaching. Ein Kind bemerkt innere Unsicherheit sofort. Sie sind ideale Persönlichkeitstrainer für uns Erwachsene, weil sie umso kooperativer werden, je mehr wir in unserer Mitte sind. Glaubt ihr, die Kleinen in der Kita mit der vollen Windel würden auf das Sit-in ihrer Erzieherinnen reagieren, wenn diese ihrer Selbst und der Wirkung ihrer starken Absicht nicht sicher wären?

Mit der Strandszene, dem Kitabeispiel und dem Hinweis, dass Eltern im Supermarkt vorausgehen dürfen, habe ich Situationen beschrieben, in denen Eltern den Nachfolgewillen einsetzen können. Natürlich passt das nicht immer. Der Tag am See könnte so kalt sein, dass ich das Kind weder nackt ausziehen noch ins Wasser lassen kann. Das verlockende Nass könnte ein Schwimmbecken sein, das viel zu tief ist, um das Kind allein an seinen Rand zu lassen. Und im Supermarkt könnte es so voll sein, dass wir uns gegenseitig zu leicht aus dem Blick verlören.

Häufig können wir im Alltag diesen Raum für die Eigeninitiative nicht zulassen. Wenn es brenzlig wird, renne ich dem Kleinkind natürlich hinterher, halte es fest, nehme es an die Hand oder trage es von einer Gefahrenquelle weg. Versteht dieses Kapitel bitte nicht als Schema-F-Anleitung für elterliche Führung, sondern als Aufruf, nach passenden Situationen für den Nachfolgewillen im Alltag Ausschau zu halten. Muss Klein-Ida jetzt meinen Atem im Nacken spüren oder kann ich sie ein wenig allein laufen lassen? Kann Theo sich im Park vielleicht auch nach mir richten und ich nicht immer nur nach ihm? Darf er ein kleines Risiko und seine harmlosen Folgen erfahren oder halte ich alles von ihm fern?

Überprüft eure innere Haltung! Gebe ich von morgens bis abends den angstvollen Schatten oder kann ich meine Einstellung zu meinem Kind und zu mir selbst überdenken? Welche Ausrichtung herrscht zwischen uns vor? Folge ich komplett dem Kind und seinen Bedürfnissen oder geht es auch mal umgekehrt? Helfe ich reflexhaft und nehme meinem Kind die ganze Arbeit ab oder kann ich – nach einem Satz Maria Montessoris – den Kleinen helfen, es selbst zu tun? Bin ich die ganze Zeit ängstlich oder vertraue ich meinem Kind und mir?

Die sieben wichtigsten Punkte zum Thema „Wie kann ich den Nachfolgewillen einsetzen?":

1 Begriff der Schweizer Therapeutin und Buchautorin Rita Messmer: **evolutionär angelegter Drang** des Kindes, sich in die Gruppe einzufügen, in die es geboren wurde

2 Das Baby und Kleinkind **reagiert stärker auf Verhalten** als auf Reden.

3 In der zweiten Hälfte des ersten Lebensjahres liegen die **zarten Anfänge von Eigeninitiative**. Diese gilt es zu fördern, statt überfürsorglich im Keim zu ersticken.

4 Eltern **stärken das Selbstgefühl** des Babys, wenn sie es immer mal wieder auf sie zukommen lassen, sobald es robbend oder krabbelnd dazu in der Lage ist.

5 Zeit und Raum für eigene Initiative und erste eigene Entscheidungen des Kindes sind kein Mangel an Fürsorge, sondern zeigen **Respekt für seine einzigartige Persönlichkeit.**

6 Die **Zeitfenster dafür sind früh geöffnet**, man sollte nicht erst beim Kindergartenkind mit einer Richtungsumkehr beginnen.

7 **Die innere Haltung ist wichtig**: Sehe ich mein Kind als bedürftig oder als stark an? Lasse ich das Kind bestimmen oder vertraue ich meiner Führungskraft und gebe damit meinem Kind Halt, Sicherheit und Orientierung?

Wie viel Anregung
braucht das Kleinkind?

Bei dieser Frage hat man Erwachsene vor Augen, die über-
deutlich Silben formen, für das Krabbelkind ein Lauflernpro-
gramm ausarbeiten und ihm die Statik eines Bauklotzturms
erklären.

So viel Aufwand ist nicht nötig. Ein kleiner Mensch
braucht keine Belehrung, ein kleiner Mensch braucht eine
gute Bindung. Sie ist der stärkste Motor für das Lernen.
„Der Kreis der Sicherheit", ein Modell der US-amerikanischen Bindungsforscher Cooper, Hoffmann, Marvin und
Powell[22], veranschaulicht es am besten: Mama sitzt auf dem
Boden, Kleinkind kuschelt auf ihrem Schoß, dann zieht es
auf eigene Faust los, um etwas Interessantes im Raum zu
erkunden. Nach einiger Zeit der Forschung krabbelt oder
läuft es wieder zur Mama zurück, um Nähe zu tanken, dann
wieder spannende Forschung allein, wieder Nähe, wieder
Expedition, wieder Nähe …

„Jedes Mal", so Bindungsforscherin Fabienne Becker-
Stoll, „wenn Eltern und Kind diesen Kreis der Sicherheit
durchlaufen, entsteht beim Kind ein Stück Sicherheit und
Vertrauen in sich selbst und in die Beziehung."[23]

Folglich ist meine wichtigste Aufgabe als Bindungsperson, eine spannende Umgebung zu schaffen und mich dann wie eine Buddha-Statue mitten hineinzusetzen. Gerne mit einer Tasse Kaffee und einer Zeitung. Die Selbstbestimmung des Kindes, also dass es seinen Impulsen folgen und selbst entscheiden darf, ob es kuscheln möchte oder sich lieber auf eine Expedition begibt, stärkt das Selbstgefühl. Deshalb sind Situationen, die es ermöglichen, dass es gefahrlos allein losziehen kann, unendlich wertvoll. Sei es im Wohnzimmer, im Park, auf dem Spielplatz oder beim freien Spiel in der Eltern-Kind-Gruppe des Turnvereins.

Mit „gefahrlos" meine ich: keine Lebensgefahr und keine Gefahr schwerer Verletzungen, gleichzeitig gehört ein bisschen Risiko, eine Schramme am Knie, einen eingeklemmten Finger, etwas Dreck an der Hose oder einen nassen Ärmel davonzutragen, zu wirklich aufregenden Expeditionen einfach dazu.

Diese Freiheit ist deshalb so viel wertvoller für das Kind als eine Situation, in der ein Erwachsener hinter ihm her hechelt, es ermahnt, ihm Erklärungen, Warnungen oder Spielzeuge reicht, weil es in der Selbstbestimmung seine eigene Kraft und Entscheidungsfähigkeit kennenlernt. Ideal ist, wenn das Zuhause so eingerichtet ist, dass es zwar viele Anregungen bietet, aber wenig kaputtgehen kann und keine ernsten Gefahren drohen. Eine solche Umgebung wird „Ja-Umgebung" genannt, denn sie erfordert wenig „Neins" der Eltern, da keine Kostbarkeiten herumstehen, die Steckdosen eine Kindersicherung haben und die Grünpflanzen ausquartiert wurden.

Das erste Stückchen Welt liegt dem Kind also zu Füßen. Mitten drin thront eine vertraute Bindungsperson. Nun kann es den „Kreis der Sicherheit" wieder und wieder durchlaufen, aufbrechen, Nähe tanken, aufbrechen ... Wir hatten das. Auffällig ist, dass sich in diesem Modell allein das Kind bewegt. Der Erwachsene ist der Fixpunkt darin. Eltern, die zu sehr um ihren Nachwuchs besorgt sind, werden heute gern als „Helikopter-Eltern" belächelt. Sie würden wie in einem Hubschrauber sitzend über ihrem Kind kreisen, um es vor allen Herausforderungen des Lebens zu bewahren. Ich kann nichts falsch daran finden, seine Kinder so gut wie möglich zu beschützen. Doch um Überbehütung zu vermeiden, ist es hilfreich, das Bild im Kopf anzupassen: Ich bin als Mama oder Papa nicht der Hubschrauberpilot von der Küstenwache, sondern der Fels in der Brandung. Und zwar von Anfang an.

Wir sind da, greifen aber möglichst selten ein. Schon Kleinkinder brauchen die Freiheit der Forschung und agieren wie kleine Wissenschaftler. Das fiel dem Kölner Wirtschafts- und Sozialpsychologen Sebastian Berger bei seinen kleinen Söhnen auf und inspirierte ihn zu seinem Buch „Geniale Kindsköpfe".

Wie genau Kinder auch weit unter zwei Jahren Erwachsene beobachten und logische Schlüsse aus ihrem Verhalten ziehen, zeigt folgendes höchst interessante Experiment:

18 Monate alte Babys wurden in einen Raum gesetzt, in dem sie beobachten konnten, wie Erwachsene das Licht einschalten. Den Personen hatte man die Hände festgebunden, sodass sie den Kopf benutzten, um den Schalter zu betätigen. Danach forderte man die Kleinkinder auf, die Lampe zum Leuchten zu bringen. Obwohl sie bei den Großen eine andere Technik gesehen hatten, verwendeten sie ihre Hände. In einem zweiten Durchlauf des Versuchs sahen die Babys Erwachsene, die das Licht mit dem Kopf einschalteten, obwohl ihre Hände frei waren. Als sie selbst dazu aufgefordert wurden, für Helligkeit zu sorgen, benutzten auch die Kinder ihren Kopf.[24]

Was lässt sich aus diesem Experiment des Entwicklungspsychologen Andrew Meltzoff schließen?

Der erste Durchlauf zeigt, dass 18 Monate alte Babys nicht bloß imitieren, sondern die Gesamtsituation in ihre eigene Lösungsstrategie einbeziehen können. Beim zweiten Durchlauf haben sie wohl gefolgert, dass an dem Lichtschalter etwas Besonderes sein muss, dass selbst Erwachsene mit freien Händen die Stirn bevorzugen, um es hell werden zu lassen.

Offenbar können schon Eineinhalbjährige die gesamte Situation erfassen und daraus ihre Schlüsse ziehen. Babys wenden nicht nur wissenschaftliche Prinzipien an, sondern haben bereits ein Verständnis von Logik, ehe sie sprechen können. Diese Erkenntnis ist eine Sensation, weil lange davon ausgegangen wurde, Logik sei untrennbar an Sprache gebunden. Der ganze Versuch ist eine Sensation, weil er zeigt, in welchem Ausmaß schon die ganz Kleinen lernen, indem sie uns einfach nur beobachten. Fast ist es mir peinlich, wenn ich bedenke, wie wir ach so klugen Erwachsenen immer auf diese kleinen Genies einreden: „Guck mal, ein Wauwau!", „Pass auf, du kannst Aua machen an der Schublade!" ...

Zurück zum „Kreis der Sicherheit". Der Ausgangspunkt für das Kind ist immer die Bindungsperson als Anlaufstelle. Von dieser Basis aus bewegt es sich mutig zu den Objekten seiner Forschung, immer wissend, dass es jederzeit zur Basis zurückkehren kann. Vor diesem Hintergrund versteht man, dass zwar eine Kita beeindruckende „Forschungsstationen" für die Kleinen aufbauen kann, doch wenn die Bindung zu der jeweiligen Erzieherin fehlt, wird das Kind kein Interesse daran zeigen.

Die sieben wichtigsten Punkte zum Thema „Wie viel Anregung braucht das Kleinkind?":

1 **Bindung** und **Weltentdeckung** gehören zusammen. Eine sichere Bindung ist der stärkste Motor der Weiterentwicklung.

2 Kinder bewegen sich im **„Kreis der Sicherheit"**. Der Erwachsene ist der Fixpunkt darin.

3 Kein Kuscheln aufdrängen, aber sich dafür zur Verfügung stellen. Dann holt sich der kleine Mensch, was er an **Nähe** braucht.

4 Eine **„Ja-Umgebung"** schaffen, die sicher und interessant ist. So haben es auch die Erwachsenen leichter, weil sie nicht auf der Hut sein müssen und das Kind sich gut selbst beschäftigen kann.

5　Schon die Kleinsten beobachten uns sehr genau und ziehen bereits vor dem Spracherwerb **logische Schlüsse** für ihr eigenes Verhalten.

6　Den Kindern möglichst **Forschungsfreiheit** lassen. Wenn sie zum Beispiel ein Bilderbuch „falsch" herum angucken, sollte man es nicht drehen. Sie werden ihre Gründe haben, es „auf dem Kopf" anzuschauen.

7　**Spannendes Material** zur Verfügung stellen: Ein Korb oder eine Schublade mit wechselndem Inhalt von Alltagsgegenständen (kleine Töpfe, Schneebesen, Holzlöffel, Fell, ein Stück Seide, Steine, Holz, ein Batterielicht mit Schalter, kleine Bälle ...) hält Kleinkinder lange beschäftigt.

Noch ein paar Beispiele von meinen Blogleserinnen und von mir, wie Kinder die Welt erforschen:

Mechelke: „Ich erinnere mich, wie die Große mit etwa einem Jahr mein ganzes Backpapier auf dem Boden akribisch ausgebreitet hat. Eine wichtige Raumerfahrung für sie. Ich hatte kurz den Impuls, genervt zu sein, habe sie aber machen lassen und war erstaunt, wie lange sie sich damit beschäftigt hat. Sie stand auch bis zu eineinhalb Stunden mit Schürze am Waschbecken, gefüllt mit Wasser oder der Wasserhahn lief etwas, und ich habe ihr dann nach und nach Sachen dazugegeben. Ich war beeindruckt, wie sie in dem Alter so lange bei einer Sache bleiben konnte. Wir unterbrechen die Kinder viel zu schnell und dann beschweren wir uns, dass sie sich nicht konzentrieren können."

Sandra: „Meine zwei Kids (zwei und fünf Jahre) und ich sind seit Langem große Fans von getrockneten Linsen und Kichererbsen. Sie fühlen sich angenehm an, können

stundenlang sortiert, ein- und umgefüllt werden, es können Sachen drin versteckt und gesucht werden, sie kli-
cken auf dem Laminat beim Danebenfallen ... und wenn
sie an den Füßen kleben, machen sie Geräusche beim
Laufen."

Steffi: „Meine Kinder durften mit dem elektrischen (bat-
teriebetriebenen) Milchaufschäumer, mit Wasser und Spüli
Schaumburgen erzeugen, mit sämtlichen Töpfen und
Schüsseln hantieren, wie sie lustig waren. Aber nur in der
Küche, im Bad oder draußen."

Uta: „Als unsere Tochter etwa ein Jahr alt war, blätterte
sie wie besessen in Telefonbüchern. War es das dünne Papier? Das feine Rascheln? Die ameisengleichen kleinen Zif-
fern und Buchstaben? Ich habe keine Ahnung. Auf jeden
Fall war das eine richtige Phase über mehrere Tage und
hörte dann schlagartig auf. Kleine Kinder – wenn man sie
lässt – sind nicht nur Wissenschaftler, sondern auch Acht-
samkeitslehrer. Ist es nicht wunderbar, wie sie mit allen
Sinnen und voller Hingabe das Material erforschen, den Ge-
räuschen lauschen und über alles drüberstreichen?

Grenzen setzen – ist das noch zeitgemäß?

Bei mir im Coaching ist eine Mama, die sich am Nachmittag, wenn sie ihren Sohn (zweieinhalb Jahre) bei der Tagesmutter abgeholt hat, ein wenig auf das Sofa legen und sich von ihrer Arbeit erholen möchte, während der Kleine zu ihren Füßen spielt. Julian aber lässt das nicht zu. Er besteht darauf, dass seine Mama sich mit ihm beschäftigt, haut sie sogar, wenn sie nicht bereit ist, mit ihm auf dem Teppich zu hocken und Autos unter Motorengeräuschen in sein kleines Parkhaus zu steuern.

Es klingt, als wollte ich mich darüber lustig machen. Allein die Erinnerung an mich selbst, auf dem Boden robbend, die Lippen geschürzt für den perfekten Dieselsound der kleinen Treckerflotte meines Sohnes, schützt mich vor Überlegenheitsgefühlen.

Die Geschichte aus dem Coaching geht weiter: Weil Julian sie haut, hält seine Mama ihn fest und sagt: „Wir tun einander nicht weh." Nach einer Weile in Petras Klammergriff beruhigt sich ihr Sohn. Sie lässt ihn los, will sich wieder hinlegen. „Mama weiter festhalten." Petra hält ihn noch ein wenig. Vielleicht braucht das Kind ja Körperkontakt. Eisern gibt sie den Nähespender, denkt aber ein paar Minuten später: „Irgendwann muss ja auch mal gut sein!", und löst die Umarmung. Doch dann geht es wieder los: „Mama festhalten, Mama spielen, …!" Mama dies oder das. Auf keinen Fall Sofa.

Gerne gipfelt eine solche Situation in einer absurden Unentschiedenheit des Kindes. Es will festgehalten werden, dann doch nicht, es will partout das rote Auto, nein, lieber das grüne, ja, nein, ja, nein, ja, nein ... Dazu eine Unzufriedenheit im Raum, die für alle Beteiligten kaum auszuhalten ist.

In der Situation sind folgende Lösungsmöglichkeiten denkbar:

1. Ich orientiere mich an dem Wunsch meines Kindes, mit mir zu spielen. Dem steht jedoch mein großes Bedürfnis entgegen, mich auszuruhen. Wie geht jetzt Bedürfnisorientierung? Ich muss wohl abwägen, welches Bedürfnis dringlicher ist. Da mein Sohn mich morgens entbehren musste und bei der Tagesmutter war, und er außerdem von uns beiden das schwächere Glied ist, gebe ich nach und spiele mit ihm. Wirklich erholen könnte ich mich sowieso nicht, weil er mich nicht in Ruhe lässt. Und ich werde schon irgendwie über den Tag kommen. Vielleicht reichen ja auch zehn Minuten Mitspielen. Als ich mich dann auf das Sofa stehlen will, geht der Kampf sofort von neuem los. Also bleibe ich. Beim Spielen kann ich meine Erschöpfung jedoch kaum verbergen und bin eine freudlose, unkonzentrierte Wächterin der kleinen Parkgarage.

2. Man könnte die Situation auch so deuten, dass Julian mit seiner Unentschiedenheit die Unentschiedenheit der Mama spiegelt. Die Mama pflegt einen tiefsitzenden Zweifel, ob es sich vielleicht doch um Liebesentzug handelt, wenn sie sich weigert, Matchbox-Autos über den Teppichflor zu schieben, wenn sie also lieber auf dem Sofa liegt, als sich ganz ihrem Kind zu widmen. Auf die

Couch, oder nicht? Gute Mama, schlechte Mama? Ja, nein, ja, …? Der kleine Mann spürt diesen Zwiespalt. Die Unsicherheit ist für ihn wie mit seinen kleinen Händen zu greifen.

Die erste Variante überzeugt mich nicht. Welches Bedürfnis gilt es zu befriedigen? Im vorherigen Kapitel, als es um den „Kreis der Sicherheit" ging, haben wir gesehen, dass Kleinkinder, die satt, zufrieden und nicht müde sind, zwei Grundbedürfnisse haben: das Bedürfnis nach Nähe und das Bedürfnis nach Welterkundung. Mal brauche ich Mama oder Papa als Kuschelstation, dann kann ich wieder losziehen und Interessantes erforschen oder mich ins Spiel vertiefen. Ein Bedürfnis nach erwachsener Spielanleitung, einem Bespaßungsprogramm oder permanenter Aufmerksamkeit gibt es nicht.

Der verstorbene dänische Familientherapeut Jesper Juul sagte einmal in einem Interview: „Alle sagen dasselbe: ‚Kinder fordern viel Aufmerksamkeit.' Das ist richtig. Gott sei Dank brauchen sie nicht so viel Aufmerksamkeit, wie sie fordern."[25]

Ich neige klar der zweiten Möglichkeit zu, der Interpretation, dass Julian die Unentschiedenheit seiner Mutter spiegelt. Der kleine Junge weiß nicht, woran er bei Mama ist. Das verunsichert ihn zutiefst und er muss irgendwie herausfinden, was sie wirklich will. Also greift er zum Äußersten und haut sie sogar. Denn das Kind muss klären: Gibt sie immer nach? Ist sie wie eines dieser Kissen auf dem Sofa, das ich in alle Richtungen knautschen kann, oder stoße ich irgendwann auf einen festen Kern?

Es geht in diesem Moment weniger darum, dem Jungen zu zeigen, wo *es* langgeht, sondern wo *ich als Mama* langzugehen gedenke. Er ist in unserer Familie gelandet, er ist uns anvertraut. Beim Start in ein Leben, das immer mehr sein eigenes werden wird, braucht er unsere Lenkung und unsere Sicherheit als Schutz.

Also lege ich mich auf dieses Sofa, wenn jede Faszie meines Körpers danach verlangt. Ich stelle eine Sanduhr auf den Kopf (inzwischen gibt es Sanduhren mit verschiedenen Durchlaufzeiten für Kinder) und erkläre Julian, dass ich erst wieder in die Senkrechte komme, wenn die feinen Körner durchgerieselt sind. „So lange", mein Schatz, „liege ich da wie in Beton gegossen. Du kannst dich dazulegen oder du kannst neben mir spielen. Aber du spielst allein. Mama braucht eine Pause."

Und es wird andere Nachmittage geben, da bin ich weniger müde und genieße das Spiel mit meinem Sohn. Dann verwandeln wir das Wohnzimmer in eine Autostadt, die die Welt noch nicht gesehen hat, bauen Brücken zwischen Sideboard und Sofalehne, untertunneln den Teppich und biegen am Ende in die Raststätte in der Küche ein, wo es Apfelschnitz und Kekse gibt.

Wenn aber die Energie dazu fehlt, gehe ich nicht über meine Bedürfnisse hinweg. Beim Säugling war das anders. Seine Bedürfnisse haben immer Priorität. Da befinden sich Eltern eine Phase lang in einem Ausnahmezustand. Doch mit zweieinhalb Jahren sind längst andere Zeiten angebrochen. Was lernt Julian, wenn er mit Erwachsenen zusammen ist, die ihre eigenen Bedürfnisse missachten oder gar nicht kennen?

Was er braucht, sind Eltern, die ihm einen Rahmen setzen, in dem er sich unbekümmert bewegen kann. Der Rahmen in diesem Beispiel ist: Mama auf dem Sofa, Spielzeugkiste, eine vorgegebene Zeitspanne und die Ansage, dass Mama nicht mitspielen wird. Ob Julian sich ausruht oder spielt, und welche Autos er benutzt, ob diese fahren, fliegen oder schwimmen können, ist seine Angelegenheit.

Ein Rahmen ist auch eine Grenze, ein Viereck aus Grenzen, und die bieten Schutz. Sie zu setzen und dem Kind genau zu sagen, wie die Mittagspause laufen wird, ist das, was ich auf der Handlungsebene empfehlen würde. Dennoch lässt sich die beschriebene Situation nicht allein auf dieser Ebene lösen. Der Wandel wird nicht von allein kommen durch ein: „Dann machst du als Mama oder Papa das und sagst als nächstes dieses." Der Wandel fußt darauf, „wie fest du in deinen eigenen Schuhen stehst", wie meine Kollegin, die Familientherapeutin Claudia Hillmer, es ausdrücken würde. Es geht um ein tiefes Zutrauen in dich als Mama oder Papa. Ich kenne meine Bedürfnisse und stehe für sie ein. Und ich habe ein ebenso großes Zutrauen in mein Kind, in seine Fähigkeit, sich selbst zu beschäftigen, und seine Stärke, gelegentlich ein „Nein" zu vertragen.

In ihrer eigenen Familie erinnert Claudia Hillmer ein Schlüsselerlebnis zum Thema „in die eigenen Schuhe kommen": Als sie mit ihrem späteren Mann zusammenzog, wurde sie die „Bonusmama" für die beiden kleinen Kinder, die er mit in die Beziehung brachte. Immer wieder gab es Ärger, weil die beiden auf ihrem Sofa herumhüpften, was Claudia nicht wollte. Zumindest nicht jeden Tag.

„Am Anfang habe ich meinem Mann vorgeworfen, dass er nicht konsequent genug sei und ich deshalb mit den Kindern Schwierigkeiten hätte. Es hat mich total genervt, wenn die Kids auf dem Sofa rumsprangen. Wir hatten so ein furchtbares Sofa, bei dem die Elemente nur aneinandergeschoben waren. Wenn die Kinder darauf rumsprangen, war ich anschließend lange damit beschäftigt, diese Antirutschfolie auszurichten, dann die Elemente richtig hinzuschieben und die Kissen wieder draufzulegen. Meine Idee war: Weil mein Mann ihnen das erlaubt, kommen die überhaupt nur auf den Gedanken, darauf rumzuspringen. Es wäre viel einfacher, wenn er ihnen das verbieten würde. Mein Mann wollte den beiden das aber nicht verbieten, blöderweise. Der fand das total in Ordnung. Und er hatte auch keine Lust, für mich diese Regel durchzusetzen, sodass er der Doofe ist. Dann habe ich mein erstes Buch von dem dänischen Familientherapeuten Jesper Juul gelesen und es war klar: Ich muss mir erst einmal überlegen, was mir jetzt wichtiger ist, das Sofa oder die Beziehung zu den Kindern. Will ich das jetzt wirklich jeden Tag durchdrücken? Dann habe ich gemerkt, es gibt Tage, da macht es mir überhaupt nichts aus, da finde ich das sogar lustig und hätte im Zweifel selbst Lust, mit auf dem Sofa zu springen, und es gibt Tage, da nervt mich das total, weil Besuch kommt und ich keine Lust habe, alles wieder zurechtzurücken. Ich habe gemerkt: Wenn vor allen Dingen die Beziehung zu den Kindern stimmt und ich mich und meine Grenzen gut spüre, kann ich sehr wohl sagen: „Jetzt ist es lustig, und wenn wir es noch weiter auseinanderschieben, schaffst du es dann immer noch, darüber zu springen?" Und trotzdem kann ich am nächsten Tag verkünden: „Heute will ich kein Sofa-Gehopse!" Und ich muss das nicht ewig lange begründen, weil die Kinder spüren, dass ich eben an diesem Tag meine Grenze da habe, und am anderen Tag habe ich sie woanders. Das war für mich die Erkenntnis überhaupt."

Ist es nicht großartig, wie Kinder dafür sorgen, dass wir „fest in unseren Schuhen stehen"?

Eiern wir herum und setzen keinen Rahmen, wie die Mama von Julian, die sich zum Spielen nötigen ließ, bekommen wir handfesten Ärger mit dem kleinen Persönlichkeitstrainer an unserer Seite. Sind wir auf zu starre und beziehungsfeindliche Grenzen aus wie Claudia, die das Sofa-

Gehopse ganz verbieten wollte, bekommen wir ebenfalls Ärger.

So unterschiedlich die Beispiele auch sind – es wird deutlich, dass Kinder mit ihrem Verhalten große Fragen an uns richten: Wer bist du eigentlich? Wofür stehst du? Was ist dir wichtig?

Der kleine Julian aus der ersten Geschichte haut seine Mama sogar, als wollte er sagen: „Wie weit muss ich eigentlich gehen, bis du dich zeigst?" Für ihn ist nicht spürbar, wo für seine Mama bei der Gestaltung der gemeinsamen Mittagspause die Grenzen verlaufen. Das müssen keine starren Grenzen sein, wie Claudia Hillmer es gelernt hat. Wir können Kindern zutrauen, jeden Tag neu unsere Klarheit zu spüren. Mal hüpfen wir mit, mal sind die Sofas tabu, mal dämmern wir völlig erledigt zwischen den Kissen, mal wird aus der kleinen Parkgarage eine ganze Autostadt. Wieder geht es um Freude, um echte Freude.

In meinem Elterncoaching frage ich deshalb häufig: „Was sind deine Vorstellungen als Mama oder Papa? Wie soll das Zähneputzen, das Zubettbringen oder der Abschied an der Kita laufen? Habt ihr als Eltern darüber gesprochen? Magst du dich mal hinsetzen und aufschreiben, was dir wichtig ist und was nicht, damit du dir selbst darüber klar wirst?"

Woran soll das Kind sich orientieren, wenn nicht einmal die Eltern sich sicher sind, was sie möchten?

Heute gibt es unzählige Philosophien über das Aufziehen von Kindern, dazu von Haus zu Haus völlig unterschiedliche Lebensstile, Familienmodelle und Wertesysteme. Wir als Eltern kommen nicht umhin zu klären: Wer sind wir? Was ist uns wichtig für unsere Kinder? Und wie soll der Alltag bei uns laufen?

Und natürlich lassen sich dafür auch ein paar Regeln aufstellen. Bei uns war das zum Beispiel folgende: „Immer die Schuhe ausziehen, bevor man in das obere Stockwerk geht." Das hat sehr gut funktioniert, weil mir das wirklich wichtig war und ich klar dahinterstand. Andere Regeln wurden nicht eingehalten. Das ist eigentlich immer ein Zeichen dafür, dass es für uns Eltern selbst nicht so bedeutsam oder die Regel zu anspruchsvoll oder starr ist. Dann sollte man nochmal neu darüber sprechen oder sie einfach abschaffen.

Die sieben wichtigsten Punkte zum Thema „Grenzen setzen – ist das noch zeitgemäß?":

1 Kinder brauchen die **Klarheit, wer wir Eltern sind** und wofür wir stehen.

2 Wenn wir merken, dass wir nicht mehr „in unseren Schuhen stehen", nehmen wir uns Zeit und besprechen oder **schreiben auf**, was uns wichtig ist und was nicht.

3 Optimal ist, wenn wir unsere Vorstellungen mit **denen des Partners abgleichen.**

4 Die Erwachsenen setzen den **Rahmen** für das Familienleben. Darin gibt es mit dem Alter größer werdende Freiheiten für das Kind.

5 Der Rahmen **entlastet das Kind**. Es kann sich ganz auf die eigene Welterkundung konzentrieren.

6 Unsere **innere Haltung** ist entscheidend: Vertraue ich mir? Vertraue ich meinem Kind? Halte ich es für schwach oder stark?

7 Ich **genieße das Zusammensein** mit meinem Kind. Ich mache es nicht durch Aufopferung und selbstauferlegten Spielzwang zu einer freudlosen Pflicht.

Dürfen wir Eltern
Macht ausüben?

Der US-amerikanische Fachautor Alfie Kohn setzt sich in seinen Büchern und Artikeln wie kaum ein Zweiter dafür ein, die Würde von Kindern zu achten und ihre eigenständige Persönlichkeit zu respektieren. Kohn prangert „die Epidemie [an], Kinder bis ins Kleinste hinein zu managen, so zu tun, als seien sie Ableger von uns, die uns gehörten."[26]

So weit, so wertvoll.

Anders als Kohn bin ich aber davon überzeugt, dass gerade kleine Kinder ein Bedürfnis nach (unserer) Führung haben und es sie tief verunsichert, wenn wir ihnen keinen Rahmen setzen, wie ich ihn im vorangegangenen Kapitel beschrieben habe. Wenn Eltern Vorgaben machen, üben sie – so der amerikanische Erziehungsexperte – Macht aus, ein Übergriff, der auszugleichen sei. Weil sich dieser negativ besetzte Machtbegriff auch in der neueren deutschen Ratgeberliteratur wiederfindet, möchte ich mich damit auseinandersetzen.

Dazu ein anschauliches Beispiel von Alfie Kohn:

„Als ich einmal mit meiner dreijährigen Tochter eine Besorgung machte, weigerte sie sich, zum Auto zurückzugehen, und hielt mitten auf dem Bürgersteig einen Sitzstreik ab. Glücklicherweise hatte ich es nicht eilig, daher blieb ich freundlich und wartete einfach ab. Schließlich stand sie auf und stampfte wortlos zurück. Ich hatte es vermieden, direkten Zwang anzuwenden, doch Tatsache war, dass ich mich durchgesetzt hatte und sie nicht, und darüber war sie unglücklich. Als wir in die Garage fuhren, verkündete sie, sie wolle im Auto bleiben und Musik hören. Ich ließ sie das nicht nur länger tun als gewöhnlich, sondern ging sie auch ab und zu besuchen, um zu fragen, ob sie hereinkommen wolle. Sie sollte wissen – und auch wissen, dass ich wusste –, dass es ihre Entscheidung war. Wiederum ist die Idee simpel: Wenn Sie etwas tun müssen, wodurch das Selbstbestimmungsgefühl des Kindes an einer Stelle geschmälert wird, bemühen Sie sich, es an einer anderen Stelle zu stärken.“[27]

Woher weiß dieser Papa, dass seine Tochter unglücklich war, als sie schließlich vom Bürgersteig aufstand? Ist das nicht seine Interpretation? Und zudem noch eine typisch erwachsene und psychologisch geprägte Deutung? Bedeutet Glück, sich durchzusetzen? Und muss das Kind jetzt nicht folgern, dass der, der seinen Willen nicht durchsetzt, immer unglücklich sein muss, und umgekehrt?

Wenn ich – wie Kohn in dem Beispiel – vom Unglücklichsein des Kindes ausgehe (Warum? Weil es nicht länger auf einem Bürgersteig sitzen durfte?), fühle ich mich unter Druck, das auszugleichen. So wie Kohn mit dem wiederholten Nachschauen in der Garage.

Dieses Gefühl, für ein vermeintliches Unglücklichsein des Kindes einen Ausgleich schaffen zu müssen, bringt die wohlmeinendsten Eltern ins Rotieren. Das ist genau der Grund, warum so viele von den einfachsten Unternehmungen mit Kind total erschöpft sind. Sie sind erschöpft von dem gigantischen Anspruch, ihr Kind glücklich machen zu müssen. Noch fünf Minuten länger auf dem Asphalt, wäre es dann glücklich? Noch einmal zurück und ein Eis holen? Stellt sich jetzt das Glück ein? Anderer Supermarkt, andere Autobahn nach Hause, andere Musik hören? Wann haben wir es endlich vertrieben, das Unglücklichsein unseres Kindes?

Meine eigene Erfahrung ist, dass wir Unzufriedenheit ins Haus holen, je mehr wir dieses Fass ohne Boden, das Fass des Glücks, füllen wollen. Die Befürchtung, das Kind könnte beim kleinsten Mangel unglücklich sein, wird zur Erwartung der Eltern an das Kind. Und wir wissen, wie feinfühlig Kinder mit unseren Erwartungen kooperieren. „Du denkst, ich bin jetzt unglücklich?", meldet sein Unterbewusstsein. „Das kannst du haben!" Und das Kind tut uns den Gefallen und findet an allem etwas auszusetzen.

Stattdessen male ich mir die gleiche Einkaufsszene mit einem fröhlich voranschreitenden Vater aus, einem Mann, der nach Hause möchte und nicht so tut, als wolle er es nicht. Es ist ein Vater, der sich vielleicht auch mal hinhockt und mit dem Kind guckt, was so zwischen den Steinen krabbelt, dann aber sagt: „Jetzt hoch den Hintern, ich brauche einen Kaffee!" Zuhause hat das Kind gar nicht die Idee, im Auto zu bleiben, weil es gerne in der Nähe seines Papas ist. Es braucht keine Machtspielchen, sondern will jede Minute mit ihm genießen. Denn nach dem Einkauf fallen beide immer aufs Sofa und probieren die neuen Kekse. Ich stelle mir den Vater als einen Menschen vor, der so viel Liebe für und Zutrauen in sein Kind hat, dass er nicht einen einzigen Gedanken daran verschwendet, es könnte wegen irgendwelcher Kleinigkeiten unglücklich werden. Ein Vater, der mal einen Politik-Podcast im Auto hört und mal das Kinderprogramm, der mal ein Eis kauft und mal nicht: So what! Ein Vater, der sein Kind nicht mit Gefühlen erpresst, sich aber auch umgekehrt nicht von dessen Gefühlen erpressen lässt. Bei so einem Vater wäre ich lieber Kind als bei dem von Kohn beschriebenen. Ich dürfte auch mal wütend oder stur sein, ohne dass jemand gleich so eine große

„Mein-Kind-ist-unglücklich-Nummer" daraus macht. Man würde mich in Ruhe lassen und sich nicht mit Ausgleichs-aktionen verausgaben.

Was macht der Papa aus meiner Version anders?

- Er stellt das Kind nicht in den Mittelpunkt der Aktion.
- Er bringt die Kleine erst gar nicht auf die Idee, bei einem ganz normalen Einkauf könnte ein Unglück lauern.
- Das Gemeinschaftliche der Aktion steht im Vorder-grund, nicht der Einzelne. Beide wollen Spaß haben.
- Er berücksichtigt auch die Bedürfnisse des Kindes (mal kurz Käfer gucken, später Kekse auf dem Sofa), behält gleichzeitig die Führung und schaut, dass auch seine Be-dürfnisse (Kaffee) nicht zu kurz kommen.
- Sein Maßstab sind nicht allein die Wünsche des Kindes, sondern die der Gruppe/Familie.

Wenn ich das, was Alfie Kohn empfiehlt, auf die Spitze treibe und für jedes erwachsene Sich-Durchsetzen eine Ent-schädigung biete, manövriere ich mein Kind systematisch in eine Opferhaltung. Es entwickelt dann den Anspruch – zuerst an die Eltern und später an das Leben –, dass seine Bedürfnisse und Wünsche erfüllt werden müssen oder dass es zumindest einen Anspruch auf Ausgleich hat, wenn das nicht passiert.

Natürlich ist es sinnvoll, für die Kinder gelegentlich etwas auszugleichen: Wenn sie lange im Auto gesessen haben, sollten sie sich danach frei bewegen können. Wenn der Montag mit Terminen vollgestopft war, sollten sie am Dienstag viel Zeit zum freien Spiel bekommen. Wenn sie lange im Haus waren, sollten sie noch frische Luft schnap-pen dürfen. Ich muss es jedoch nicht ausgleichen, dass ich mich von Zeit zu Zeit durchsetze. Denn das ist meine Aufgabe als familiäre Führungskraft.

Ich habe immer wieder mit Eltern zu tun, die um jeden Preis vermeiden wollen, Macht über ihre Kinder auszuüben. Dafür überlassen sie die Macht ihren Kindern.

Ist das besser?

Mit Macht ist es wie mit Geld. Weder Geld noch Macht sind per se schlecht. Die Frage ist, wie ich damit umgehe. Als Erwachsene trage ich die Verantwortung, einen Haushalt zu führen, einkaufen zu gehen und so zeitig nach Hause zu fahren, dass ich das Essen vor dem Schlafengehen auf den Tisch bringen kann. Vielleicht gibt es mal einen Tag, an dem ich Zeit habe und ich mich mit dem Kind unter den Baum hocke und das Treiben auf dem Parkplatz beobachte. Wie schön. Solche Pausen im hektischen Alltag sollte man unbedingt einrichten. Wenn es aber gerade nicht passt, darf ich aufgrund meiner Macht und Verantwortung, die auf meinen erwachsenen Schultern liegt, dafür sorgen, dass wir zügig nach Hause kommen. Ich muss keinen Ausgleich bieten. Und ich bleibe in der Führung. Dann habe ich später noch Zeit für eine Gute-Nacht-Geschichte und bin entspannt und nicht genervt wegen irgendeines Machtausgleichs.

Was Alfie Kohn Eltern empfiehlt, ist mir zu ängstlich und zu besorgt. Da ist mir zu wenig Zutrauen in die Stärke und den Gemeinschaftssinn von Kindern.

Man sagt, Kinder „lesen" in ihren Eltern wie in einem Buch. Bei dem Beispiel mit der Tochter nach dem Einkauf kann das Kind lesen: „Mein Papa ist ängstlich darauf bedacht, es mir recht zu machen, er ist sich seiner nicht sicher, stellt seine Bedürfnisse in den Hintergrund, er traut mir nicht zu, mit Frust und Anstrengung zurechtzukommen." Es liest Angst, Sorge, Unsicherheit, Erpressbarkeit, wenig Vertrauen in seine und in die Stärke des Vaters.

Versteht mich nicht falsch. Wenn ich mit dem Kind im Park bin und die Kastanien glänzen wie frisch poliert in der Sonne, dann lassen wir das Kinderturnen sausen, hocken uns ins Laub und vergessen die Zeit. In solchen Spielsituationen kann ich auch mal dem Kind die Führung überlassen. Sollte ich aber keine Zeit fürs Kastaniensammeln haben und muss im Schweinsgalopp mit dem Kind den Park durchqueren, mache ich mich von dem Druck frei, für einen Ausgleich sorgen zu müssen.

Die gut gemeinte Idee von Alfie Kohn, jeden Dämpfer der Selbstbestimmung eines Kindes an anderer Stelle aufzuwiegen, hält er für simpel. Ich halte sie für eine Überforderung, vor allem für Eltern mit mehr als zwei Kindern. Bei ihm liegt die Aufmerksamkeit auf dem Vermeiden von Unglücklichsein. Das ist Mangeldenken. Auf diese Spur möchte ich unsere Kinder nie bringen. Wir fokussieren uns lieber auf Freude und Glück.

Die sieben wichtigsten Punkte zum Thema „Dürfen wir Eltern Macht ausüben?":

1 Die Bedürfnisse des einzelnen Kindes berücksichtigen, es aber **nicht permanent in den Mittelpunkt stellen.**

2 Es gibt ein **Machtgefälle** zwischen Eltern und Kindern. Und daran ist nichts falsch.

3 Die Herausforderung liegt für die Erwachsenen darin, **diese Macht nicht zu missbrauchen.**

4 Wenn Eltern sich durchsetzen, weil es für die Gemeinschaft und die Alltagsorganisation wichtig ist, erfordert das **nicht zwangsläufig einen Ausgleich.**

5 Kinder werden durch **nicht altersgerechte Entscheidungen,** die sie treffen müssen, verunsichert.

6 Die Angst, das Kind könnte unglücklich sein, führt zu

einem Mangeldenken. Sich lieber **ausrichten auf Fülle und Glück**

7   Im Zumuten von Kompromissen liegt ein großes **Zutrauen in die Stärke von Kindern.**

Was tun bei Wut, Verweigerung und Trotz?

Als unser Sohn damals seine Schreiattacken hatte, aus lauter Wut Mülltonnen umwarf oder sogar nach mir trat, fühlten wir uns sehr hilflos. Woher rührte dieses Verhalten? Von uns Eltern, die zivilisiert miteinander umgingen, konnte er sich das nicht abgeguckt haben. Warum stieg aus diesem kleinen Kerl, den wir über alles liebten, plötzlich solch eine Wut hoch? Wo hatte sie sich aufgeladen, um sich dann an uns oder unschuldigen Gegenständen hemmungslos zu entladen?

Die Antwort darauf ist nicht einfach. Für ein Kind gibt es keine Gebrauchsanweisung und kein Tutorial bei YouTube. Und Fachleute wie der 2019 verstorbene dänische Familientherapeut Jesper Juul, der in seinem Leben mit unzähligen Familien in verschiedensten Ländern der Welt gearbeitet hat, reagieren geradezu allergisch, wenn jemand meint, allgemeine Tipps und Tricks könnten helfen, ein Kind wieder „auf Spur" zu bringen.

Die erste Arbeit in meinem Coaching ist deshalb immer, genau hinzuschauen: Über was für ein Kind sprechen wir hier? Wie ist die Familiensituation? Wann genau tritt die Wut auf? Passiert es morgens, nach der Kita oder abends? Was ist der Auslöser? Lässt sich ein Muster erkennen? Reagiert das Kind bei Papa oder Oma genauso? Was berichtet die Erzieherin aus der Kita? Wie reagieren die Eltern auf „Ausraster"? Sind wir in die Falle getappt, Aufmerksamkeit immer nur für negatives Verhalten zu geben? Ist genug Zeit für innige Zweisamkeit mit Mama und Papa? Welche Botschaft steckt für uns in diesem Verhalten? ... Häufig endet unser Gespräch bei einem ganz anderen Thema als dem Ursprünglichen. Und Coach und Eltern reiben sich verwundert die Augen: „Wie sind wir hier gelandet?"

Ihr könnt euch auch allein hinsetzen und in einer ruhigen Minute den vergangenen Tag Revue passieren lassen. Stift und Notizheft sind für mich dabei eine wichtige Hilfe. Anstatt den Partner am Abend zur Klagemauer zu machen und sich in die Erinnerung hineinzusteigern, wie schlimm Elisa wieder war oder warum das mit Anton später in der Schule nie etwas werden wird, hilft das Schreiben, um Distanz zu gewinnen. Ich kann die schönen Momente auflisten, die es trotz allem gab, ich kann mich auf Schatzsuche begeben und festhalten, was ich an meinen Kindern so liebe, und mindestens sieben Punkte finden, für die ich mich als Mama oder Papa anerkenne. („Ich habe heute morgen Anton nicht angeschrien, sondern bin kurz rausgegangen und habe tief Luft geholt." – „Mein Kartoffelpüree heute Abend war Weltklasse." – „Als Elisa heute morgen beim Anziehen trödelte, war ich die Ruhe in Person und das, obwohl ich so wenig geschlafen hatte." – „Ich feiere mich für ...")

Hier ein Überblick, welche Listen helfen:

- Die Dankbarkeitsliste: Was waren heute schöne Momente mit meinem Kind?
- Die Liebesliste: Was beeindruckt mich so sehr an meiner Tochter, an meinem Sohn?

- Die Selbst-Anerkennungsliste: Wofür erkenne ich mich heute an?
- Die Weiterentwicklungsliste: Dieses Kind ist wohl nicht ohne Grund in unserer Familie gelandet. Was darf ich von ihm lernen?
- Die Lösungsliste: Welche Strategien kann ich für wiederkehrende Konfliktsituationen entwickeln?

Solche Notizen haben die Kraft, unsere innere Haltung und unseren Blickwinkel zu verändern. Und da wir wissen, dass die Familienatmosphäre unsere Kinder viel mehr prägt als alles, was wir sagen, ist solch eine „Mindset"-Pflege nicht zu unterschätzen.

Jetzt denkt ihr vielleicht: „Das ist ja ganz nett, wenn ich abends die Küsschen notiere, die schmatzend auf meiner Backe gelandet sind. In dem Moment, wenn mein Kind einen Wutausbruch hat, bin ich immer noch nicht weiter."

Kommen wir deshalb zu Möglichkeiten der Soforthilfe bei Wutausbrüchen, Verweigerung und nicht kooperativem Verhalten.

Das Gefühl darf sein

Die Ersten, die ich beim Thema „Wutausbrüche" um Rat fragen würde, sind Adele Faber und Elaine Mazlish. Die beiden Amerikanerinnen haben bei dem bekannten Kinderpsychologen Haim Ginott studiert, selbst jeweils drei Kinder großgezogen und Hunderte von Workshops mit Eltern auf der ganzen Welt geleitet. Elaine Mazlish ist 2017 verstorben. Die 92-jährige Adele Faber lebt auf Long Island. Deshalb wird es mit dem Befragen schwierig. Zum Glück besitze ich ihre Bücher. Einige Beispiele darin sind etwas angestaubt, doch ihre Ideen und ihr warmherziges Menschenbild machen die vier Bände in meinem Regal zu einer wertvollen Quelle.

Es sind Bücher gegen das Überfahren der Gefühle von Kindern, gegen das Beschwichtigen, das Mund-tot-Machen und gegen das Verhalten, das Eltern als Kind verinnerlicht haben und nun automatisch und viel zu schnell abfeuern, auch wenn es offensichtlich nicht funktioniert.

Aber was funktioniert? Zum Beispiel bei Wutausbrüchen?

Gefühle des Kindes spiegeln

Es ist wichtig, dass Eltern nicht vorschnell trösten. Allzu leicht geraten wir in Aktionismus, beschwichtigen, lenken ab, machen Faxen, weil wir es schlecht aushalten können, wenn unser Kind unglücklich ist. Nehmt euch lieber einen Moment Zeit! Haltet inne, holt tief Luft und sagt zu euch selbst: „Das darf jetzt so sein, diese Wut, dieses Gemotze oder was auch immer hat seine Berechtigung!" Die Gefühle des Kindes müssen raus. Erst dann können wieder neue rein. Im zweiten Schritt nehmt ihr bewusst das Kind wahr, spiegelt seine Gefühle und fühlt euch so in das Kind ein.

Beispiel 1: „Ich sehe, du bist furchtbar traurig, dass dein Freund abgesagt hat. Wenn man sich vorher so freut wie du, fühlt man einfach eine große Enttäuschung."

Beispiel 2: „Wenn du deine Kindergartentasche so in die Ecke feuerst, musst du sehr wütend sein. Mann! Du bist ja richtig außer dir. Irgendetwas muss dich aus der Fassung gebracht haben."

Beschreiben, wie sich das Kind offenbar fühlt, anstatt zu schimpfen, öffnet die Tür für ein Gespräch, das Kind fühlt sich „gesehen" und wir haben eine Chance, den Ursachen für seine Ausraster auf den Grund zu kommen. Schon das

„Gesehen-werden" kann so tröstlich sein, dass die Wutausbrüche abklingen.

Beschreiben statt bewerten

Nicht die spontanen Vorwürfe von der Leine lassen, nicht sofort den Schiedsrichter spielen, nicht aus der Hüfte schießen, wer hier wohl ein böses und wer ein liebes Kind ist, sondern ...

Beispiel: Anna (4) hat Besuch von ihrer Kitafreundin Lynn (4), die verlangt, dass Anna ihr neues Spielzeug mit ihr teilt. Anna hält es eisern umklammert und ist nicht bereit, es Lynn zu geben. Statt Anna wie im Reflex zu vermeintlich sozialem Verhalten zu drängen, versetzt sich ihre Mama gedanklich in ihre Lage und sagt: „Ich glaube, es muss sehr schwer sein, ein neues Spielzeug zu teilen. Neue Sachen hat man gern lange für sich allein." Dann sagt sie zu Lynn: „Ich kann verstehen, dass du auch damit spielen möchtest. Wenn Anna dazu bereit ist, wird sie teilen." Das Beispiel stammt aus dem Buch „Entspannte Eltern – entspannte Kinder"[28] und demnach ging die Geschichte so aus: „Niemand sagte etwas. Aber eine halbe Stunde später hörte ich [die Mama] tatsächlich, wie Anna verkündete: ‚Okay, Lynn, ich bin jetzt bereit zu teilen!'"

Ist das Kind Vorwürfen ausgesetzt, muss es seine ganze Energie für die Verteidigung aufbringen. Wenn wir beschreiben, hat es Energie frei für die Lösung!

Am Anfang mag man sich komisch vorkommen mit diesem beschreibenden Stil. Die Autorinnen betonen, es sei wie das Erlernen einer neuen Sprache, wie ein Einsteigerkurs in Französisch oder Chinesisch. Nur, dass es hier bei vielen Erwachsenen auch noch darum gehe, gleichzeitig eine andere Sprache aufzugeben, die Sprache, die ihnen aus der eigenen Kindheit noch im Ohr ist und deren Sätze einfach aus dem Mund hüpfen.

Wünsche in der Fantasie erfüllen
Die Idee, Wünsche in der Fantasie zu erfüllen, ist ein großer Konfliktentschärfter.

Beispiel:
Kind: „Ich will aber heute die rote Hose in die Vorschule anziehen!" Mama: „Ich weiß, die magst du echt gerne, nur ist sie gerade in der Wäsche."
Kind: „Etwas anderes ziehe ich heute nicht an!"
Mama: „Ich wünschte, ich hätte eine Zauber-Waschmaschine. Ein Knopfdruck, und die Hose wäre in zwei Minuten gewaschen und getrocknet. Ein Roboter würde die Treppe aus dem Wäschekeller hochsteigen und sie dir sauber und nach Erdbeereis duftend überreichen." (Das Kind kichert.) „Ja, und der Roboter steigt mit ins Auto und wir fahren nicht zur Vorschule, sondern fliegen bis zum Mond."

Dieses Beispiel zeigt wieder eine Idee, die das Gegeneinander in ein Miteinander verwandelt. Sie bringt Mama und Kind auf eine Seite. Wenn wir uns einen drohenden Machtkampf wie einen schwarzen Luftballon vorstellen, der von Sekunde zu Sekunde immer größer wird, piekst dieser Einfall einfach hinein und lässt ihn platzen. Das ist die lustige Variante von dem wichtigen Grundsatz „Wünsche des Kindes ernst nehmen, aber nicht erfüllen müssen".

So läuft es meistens.

So geht es leichter.

Die Wut aufs Papier bringen

Um außer Worte noch andere Möglichkeiten zu haben, um Gefühle auszudrücken, empfehle ich, viel Material (Papier, Stifte, Knete, Fingerfarben …) griffbereit zu haben. Nicht den guten Zeichenblock oben im Schrank schonen, nicht die Stifte nur als Schulbedarf sehen, sondern stapelweise Papier und Becher voller Mal- und Schreibwerkzeuge an mehreren Plätzen in der Wohnung bereitstellen. So kann es spontan genutzt werden, wenn das Kind zum Beispiel einen katastrophalen Kita-Tag hatte.

Beispiel:
Kind:„So ein blöder Tag! Erst hat Raphael mir ein Bein gestellt, dann hat Frau Schneider mich angemeckert, dann war auf meinem Brot nur blöder Gouda, dann …"
Mama: „Warte!"
Mama schreibt mit, was alles vorgefallen ist, Sohn wird immer eifriger.
Kind: „Ja, dann kannst du auch noch aufschreiben, dass mein Tunnel in der Matschecke kaputtgegangen ist, dass Simon mir seinen Roller nicht geben wollte … und, … und, dass es geregnet hat auf dem Heimweg."
Mama guckt sich die Liste an. „Ich wäre ganz schön wütend und erschöpft, wenn ich das alles erlebt hätte."
Sohn strahlt sie an. „Das kannst du nachher Papa zeigen."

Stift und Papier nutzen, um seine Gefühle zu verarbeiten – das funktioniert auch bei noch Kleineren. Eine Mutter aus einem der Workshops von Faber und Mazlish wendete diese Methode bei ihrem dreijährigen Sohn Todd an, der wegen einer Gehirnlähmung motorisch ungeschickt ist und zu Wutausbrüchen neigt, wenn ihm etwas nicht im ersten Anlauf gelingt. Als er sich mit einem Puzzleteil abmühte, sah seine Mutter das Unheil kommen und rief: „Bleib so! ... Ich muss was holen!" Sie kam mit einem Zeichenblatt und einem Rotstift zurück und malte eine gefährlich aussehende Zickzacklinie auf das Papier. „Todd, fühlst du dich so wütend?" – „Ja!", rief der Junge, riss ihr Blatt und Stift aus der Hand, malte selbst ein wildes Zickzack, zerstach das Papier, bis es voller Löcher war. Seine Mutter nahm das Papier und hielt es gegen das Licht: „Du bist also so sauer ... Du bist absolut wütend!" Heulend zerfetzte Todd das Papier, bis nur noch Schnipsel vor ihm auf dem Boden lagen. Endlich wurde er ruhiger, sah seine Mama an und sagte zum ersten Mal in seinem Leben: „Ich liebe dich, Mama."[29]

Der liebevoll-gelassene Aufmerksamkeitsentzug

Gefühle des Kindes achten – das mussten Eltern in den vergangenen Jahrzehnten erst lernen, wurde auf ihren eigenen in der Kindheit doch oft herumgetrampelt. „Ein Indianer kennt keinen Schmerz!" – „Sei keine Heulsuse!" – „Was stellst du dich wieder so an!" – „Immer musst du Theater machen!" – „Kannst du nicht mal fünf Minuten lieb sein!" Besser, wir reichen solche Sätze nicht von Generation zu Generation weiter!

Heute merken wir auf, wenn Kinder Gefühle zeigen und nehmen sie ernst. Für die Entwicklung eines stabilen Selbstgefühls ist diese Achtsamkeit sehr wertvoll.

Manche Eltern tun das jedoch zu sehr und fühlen sich in einem Maße für das Glück ihres Kindes verantwortlich, dass dem kleinen Menschen kaum Raum bleibt, mal eine Minute selbst mit seinen inneren Regungen klarzukommen. Deshalb kann es sein, dass die ausbrechenden Gefühle kein langes Begleiten, Aufschreiben oder Papierdurchstechen brauchen, wie im vorherigen Kapitel beschrieben, sondern einen „liebevoll-gelassenen Aufmerksamkeitsentzug".

Der Begriff ist nicht von mir, sondern stammt von der Kinder- und Jugendpsychologin Annette Conzelmann, Professorin an der PFH, einer privaten Universität in Göttingen. Wir sprachen in einem journalistischen Interview über mögliche Tipps für Eltern in Zeiten der Corona-Pandemie, als sie beiläufig eine Situation mit ihrem dreijährigen Sohn schilderte.

„Vor ein paar Tagen", erzählte sie, „wollte er ein großes Glas Wasser, dann lieber ein kleines, dann doch wieder ein großes. Er war wütend, wollte sich regulieren, kam da aber irgendwie nicht raus. In solch einer Situation hilft auch mal ein liebevoll-gelassener Aufmerksamkeitsentzug." Ich wurde sofort hellhörig. „Was ist das?" – „Das bedeutet", so Conzelmann weiter, „sich als Bezugsperson kurz einer anderen Situation zuzuwenden und so dem Verhalten, das man stoppen möchte, keine weitere Aufmerksamkeit zu geben, ohne das Kind als Gesamtperson abzuwerten oder laut zu werden. In dem Moment mit dem Wasserglas hatte es sich von selbst ergeben, weil meine Tochter nach mir rief. Ich sagte meinem Sohn, dass ich kurz nach ihr gucken und dann wieder zu ihm kommen würde. Als ich zurückkehrte, überlegte er kurz, ob er das Thema noch mal aufgreifen sollte, aber inzwischen hatte er sich beruhigt und für ein gemeinsames Memoryspiel entschieden."[30]

Entzug von Aufmerksamkeit, empfohlen von einer anerkannten Wissenschaftlerin und Mutter? Das interessierte mich sofort. Denn unter Eltern, die ihr Erziehungsverhalten gründlich reflektieren, ist es seit Längerem verpönt, sich vom Kind abzuwenden, wenn die Emotionen hochkochen. Wir landen dann schnell bei Themen wie „negative Gefühle nicht zulassen", „Missachtung", „Strafen" oder „Liebesentzug". Dabei können wir nicht leugnen, dass Aufmerksamkeit ein sehr wirksames Mittel ist, um ein

Kind zu lenken. Sowohl das Schenken von Beachtung als auch ihr Entzug.

In der Psychologie entstand Anfang des 20. Jahrhunderts der „Behaviorismus", benannt nach dem englischen Wort „behavior" für Verhalten. Die Anhänger dieser Denkschule orientierten sich ausschließlich an dem sichtbaren Verhalten eines Menschen oder Tieres, ohne sich für innere Beweggründe oder tieferes Empfinden zu interessieren. Jeder kennt das Experiment des Behavioristen Iwan Petrowitsch Pawlow, der zeigte, dass bei Hunden wie auf Knopfdruck immer Speichel fließt, wenn die mit der Futtergabe verknüpfte Klingel zu hören war. Mein Verhalten A löst beim anderen Lebewesen Verhalten B aus. So einfach ist dieses Modell.

Wenn wir uns eine lange Skala vorstellen, können wir an ihrem einen Ende die Behavioristen eintragen, die sich für das Innenleben nicht interessieren, an ihrem anderen Ende die Anhänger der Psychoanalyse, für die nahezu alles auf unsere innersten Regungen zurückzuführen ist, auf unsere Kindheitserfahrungen, Träume, Prägungen des Unterbewusstseins und Triebe.

Wenn wir parallel eine Skala mit pädagogischen Ansätzen entwerfen würden, stünde ganz außen die autoritäre Erziehung: Störendes Verhalten wird umgehend bestraft, erwünschtes belohnt, auf Verhalten folgt eine Verhaltensreaktion. Am anderen Ende unserer Skala könnten wir die bedürfnisorientierte Erziehung eintragen. Hier folgt nicht einfach eine Reaktion auf das Verhalten des Kindes, sondern wir fragen uns, welche Gründe hinter diesem Verhalten stehen könnten. Welche Bedürfnisse wurden nicht befriedigt? Welche innere Not plagt das Kind? Vielleicht ein Kummer, der nicht gleich zu erkennen ist, aber durch auffälliges Verhalten auf sich aufmerksam macht?

Wir haben es hier mit einer großen Bandbreite zu tun. Und in der Mitte unserer Skala könnte man Ansätze eintragen, die beides kombinieren: Verhaltenssignale setzen und sich gleichzeitig für die Gefühle des Kindes interessieren, sich Abwenden bei störendem Verhalten und gleichzeitig bald danach wieder eine innige Zeit mit dem Kind genießen. So gebe ich zum Beispiel dem Kind, das in einem Wutanfall absichtlich seine Grillwurst auf den Boden wirft, keine neue, lasse auch den wütenden Vortrag über die Wertschätzung von Lebensmitteln sein, bleibe zwar in Reichweite, wende mich aber ausgiebig meinem Salat zu, finde dort meine Gelassenheit wieder und biete dem Kind Nähe an, sobald die Wut abgeflaut ist. Dann können wir vielleicht später zusammen die Wurst vom Boden bergen, sie abspülen und nochmal kurz auf den Grill legen.

Seht ihr die Kombination von beiden Elementen? Verhaltenssignale setzen und innerste Bedürfnisse achten.

Ihr wisst inzwischen, dass ich manchen Auswüchsen der „Bedürfnisorientierten Erziehung" kritisch gegenüberstehe. Mit „Auswüchsen" meine ich, dass man es als Eltern auch übertreiben kann mit der Bedürfnisforscherei. Manchmal ist ein Kind einfach nur müde und es ist hilft schon, das Abendprogramm früher zu starten. Manchmal ist es hungrig und verweigert deshalb jede Kooperation. Hier rettet uns die Banane im Rucksack oder die Tüte Mandeln in der Jackentasche. Manchmal braucht es mehr Struktur, mehr Vorgaben und Klarheit, also Führung von uns und nicht die fünfte Frage, was es nun zu Abend essen möchte. Manchmal braucht es einfach einen Moment allein, um selbst mit seinen Gefühlen klarzukommen, und keine Mama mit tiefenpsychologischer Mission.

Erziehungskunst besteht wohl darin, einen guten Mittelweg zu finden zwischen Verständnis für bedeutsame

Bedürfnisse des Kindes und Stärkung seiner Kompromissfähigkeit. Auch für Kinderpsychologin Annette Conzelmann, die im Interview mit mir den „Liebevoll-gelassenen Aufmerksamkeitsentzug" erwähnte, steht bei wiederkehrenden Konflikten Ursachenforschung an erster Stelle.

„Wir müssen herausfinden, warum das Kind so reagiert. Wenn ich zum Beispiel den Tag über gestresst war und kaum etwas mit dem Kind unternehmen konnte, braucht es meine Fürsorge und Aufmerksamkeit. Kurzes Abwenden ist nur hilfreich, wenn das Verhalten des Kindes in dem Moment dysfunktional ist und der Aufmerksamkeitsentzug ihm hilft, da rauszukommen. Das wende ich nur selten an und nutze Aufmerksamkeit eher so, dass ich dem Kind Aufmerksamkeit für unauffälliges und erwünschtes Verhalten schenke."[31]

In diesem Kapitel klingt es ein wenig so, als wären wir Eltern kalte Wächter der Zuwendung. Wir geben sie, wir nehmen sie. Wie Zuckerbrot und Peitsche. Dann sind wir auch noch analytisch, sezieren den Alltag auf der Suche nach tieferen Ursachen und zeigen dabei möglichst keine schlimmen Gefühle („liebevoll-gelassen"). Solche Eltern-Roboter meint Annette Conzelmann nicht. Auch ich will auf etwas anderes hinaus. Ich möchte vermitteln, dass Aufmerksamkeit eine wichtige „Währung" im Zusammensein mit dem Kind ist. Wenn alles weitgehend normal läuft und der Zwerg ab und zu mal einen Wutausbruch hat, leben wir eine liebevolle Nähe zum Kind und es spürt mit seinen feinen Antennen im Ansatz, welches Verhalten unerwünscht ist. Und ich spüre im Ansatz, wenn es meinem Kind nicht gut geht und ich mein Verhalten ändern muss.

Aus dem Coaching weiß ich, dass es Familien gibt, bei denen so ein liebevolles Miteinander unterwegs verlorengegangen ist oder sich von Anfang an nicht recht entwickeln konnte. Hier kommt der Aufmerksamkeit für negatives Verhalten eine bedeutsame Rolle zu. So weisen sowohl Annette Conzelmann als auch Bindungsforscherin Fabienne Becker-Stoll[32] darauf hin, dass zum Beispiel Eltern, deren Kind im ersten Lebensjahr ein „Schreibaby" war, leicht durch diese Erfahrung lernen, auch beim älterwerdenden Kind immer nur auf störendes Verhalten zu reagieren. Diese Leute meinen es gut, wollen unermüdlich ergründen, warum das Kind wütet, verstärken damit aber sein negatives Muster. Solche Eltern müssen regelrecht umlernen. Sie müssen lernen, auf Störung nicht zu reagieren und sich ihm zuzuwenden, wenn es *nicht* weint oder wütet.

Bei der Geschichte von Professor Conzelmann, ihrem kleinen Sohn und der Wasserglas-Wut zu Anfang dieses Kapitels scheint es sich um eine banale Alltagsbegebenheit zu handeln. Mir ist sie aber wichtig, um euer Repertoire an Handlungsmöglichkeiten zu erweitern. Gerade in bedürfnisorientierten Blogs und Büchern lese ich viel von „Wutbegleitung", von Mamas, die ihr Kind keine Sekunde mit seinen Gefühlen alleinlassen und um jeden Preis verhindern wollen, dass es sich in seinen Regungen nicht ernstgenommen fühlt.

Auf diese Weise aber lernt das Kind, dass es immer Zuwendung erhält, wenn es wütet. Stattdessen gebe ich lieber allen Gefühlen Raum, statt einseitig die Negativen zu verstärken. Erneut ist Feinfühligkeit gefragt. Ich kann spüren und ausprobieren, ob das Kind meine Nähe braucht, wenn es außer sich ist, oder ob es hilfreicher ist, gelegentlich folgendermaßen zu reagieren: „Ich hänge kurz die Wäsche auf, schaue nach der Post, gehe schnell zur Toilette ... danach kümmern wir uns um deine Wut." Mal wird mein Trost gefragt sein, ein anderes Mal Raum zum eigenen Gefühlsmanagement. Die ganze Bandbreite meiner Reaktionen, die sich oft aus dem Alltag ergeben, eröffnet mehr Weiterentwicklungsmöglichkeiten für das Kind als der zunehmend anzutreffende Anspruch von Eltern, jedes Gefühl hautnah begleiten zu müssen.

Dies ist zu beachten, wenn ich Aufmerksamkeit entziehe:

- Auf **gar keinen Fall** ein Kind in ein anderes Zimmer oder gar in den Keller sperren!
- Es bedeutet, selbst die Situation zu verlassen.
- Und zwar kurz ...
- und nicht weit
- Das Kind darf jederzeit auf mich zukommen (keine Auszeit à la „Stiller Stuhl", wie manche Ansätze es empfehlen!).
- Ich entziehe Aufmerksamkeit einem bestimmten Verhalten, nicht der Person.
- Ich bleibe ruhig. Kein Ärger, kein Schimpfen, kein Beleidigtsein, kein Entwerten des Kindes.

Ich weiß, das schreibt sich leicht: „Möglichst ruhig bleiben!" Manchmal steigt eine große Wut in einem hoch und man hat das Gefühl, das Kind wolle einen provozieren. Das ist der eine Teil der erwachsenen Emotion, den ich durch das Abwenden regulieren kann (Situation verlassen, einatmen, ausatmen, sehr bewusst Salat essen ...). Ich kenne es aber auch von mir, dass ich den Impuls habe, meinen Kindern durch negative Gefühle zeigen zu wollen, dass ich mit ihrem Verhalten nicht einverstanden bin. So nach dem Motto: „Ich muss den halben Nachmittag beleidigt sein, damit Anton versteht, dass er sich unmöglich benommen hat." Weg mit dem Gefühlsgequetsche! Der „liebevoll-gelassene Aufmerksamkeitsentzug" braucht das nicht. Ich empfinde es als Entlastung zu wissen, dass es schon wirksam ist, wenn ich mich kurz einer anderen Tätigkeit zuwende. Das Orchester der dramatischen Gefühle kann einpacken.

Zu vorletzten Punkt möchte ich ergänzen, dass mancher einwenden mag, ein Kind könne nicht unterscheiden, ob der Aufmerksamkeitsentzug ihm gelte oder seinem Verhalten. Erinnert ihr euch an das Experiment, das ich im Kapitel „Wie viel Anregung braucht das Kleinkind?" beschrieben habe? 18 Monate alte Babys haben Erwachsene beobachtet, die einen Lichtschalter mit der Stirn betätigten. Einmal hatten die Versuchspersonen zusammengebundene Hände, einmal nicht. Schon die Babys zogen logische Schlüsse aus dem Verhalten. Nach der Beobachtung der Erwachsenen ohne Fessel, nahmen sie selbst die Hände. Als sie sahen, dass auch Personen, deren Hände frei waren, die Stirn benutzten, wandten sie die gleiche Methode an. 18 Monate alte Babys! Und ein Dreijähriger soll nicht merken, ob das Abwenden ihm gilt oder seinem Verhalten? Zumal, wenn er jederzeit zu mir kommen darf und ich mich ihm zuwende, sobald das Verhalten abebbt.

Dem Kind die Wahl lassen

Wie es konkret aussehen kann, wenn ich dem Kind die Möglichkeit gebe, seine Gefühle zu sortieren und eigene Entscheidungen zu treffen, zeigt ein Beispiel, das auf meinem Blog eine große Resonanz fand. Es ist von Rita Messmer – ihr wisst schon, der Erfinderin des „Nachfolgewillens":

„Sonja, selber Mutter eines 14 Monate alten Kleinkindes, will ihrem dreijährigen Patenkind Lea eine spezielle Freude machen und kauft ihm ein kleines Stieleis. Sonja packt es aus und hält es der Kleinen hin. Lea schaut, schüttelt den Kopf – sie sieht im Schokoladenüberzug einen Riss. Lea erklärt, sie wolle dieses Eis nicht, sie wolle eines ohne Riss. Die Patin schaut das Kind kurz an, legt die Verpackung hin und das Eis darauf und erklärt: ,Es gibt kein anderes Eis, wenn du willst, kannst du das hier essen.' Sie dreht sich um und entfernt sich. Das Kind fängt an, Zeter und Mordio zu schreien, sodass der Vater aufmerksam wird. Er bittet seine Schwester (die Patin seiner Tochter), Lea doch ein zweites Eis zu kaufen. Die Schwester erklärt, dass sie das bestimmt nicht mache. Die Kleine schreit so heftig, bis sie sich fast erbricht. Jetzt geht der Vater und kauft ihr ein zweites Eis."

Nun schlüpfe ich in die Rolle der Patentante. Ich weiß, dass für ein dreijähriges Kind ein Sprung in der Kuvertüre ein Weltuntergang sein kann. Ähnlich wie ein Keks, der zerbricht, ein Luftballon, der wegfliegt, oder eine abgeknickte Banane. Ich würdige das Drama (Gefühle anerkennen), bin kurz bei dem Kind und sage: „Du bist traurig, weil der Schokoladenüberzug angeknackst ist, oder?" (Gefühle spiegeln), warte kurz und setze hinzu: „Aber ganz ehrlich, die Angeknacksten sind immer die Leckersten. Mist, dass ich meinen Karamell-Spezialkleber für Stieleis nicht dabeihabe. Oder mein Schoko-Tesafilm. Das hält bombenfest." (Wünsche in der Fantasie erfüllen)

Bis hierhin hat das vielleicht drei Minuten gedauert. Sollten wir beide nicht längst kichern und gegenseitig unser Eis anknabbern, lege ich das angeknackste Exemplar auf sein Papier und sage zu Lea: „Du kannst dich entscheiden, ob du es essen möchtest oder nicht (die Wahl lassen), ich guck mal, ob die am Kiosk einen Kaffee für mich haben." („liebevoll-gelassener Aufmerksamkeitsentzug")

Sollte Lea jetzt immer noch schreien, geht es nicht um den Sprung in der Kuvertüre, sondern um einen Beziehungstest. Die kleine Sozialforscherin will wissen, wie viel Dezibel nötig sind, um ein neues Eis zu bekommen. Vor allem setzt sie in diesem Moment die schon länger laufende Versuchsreihe mit dem Arbeitstitel „Auf welche Seite wird sich Papa schlagen?" fort. Damit erprobt sie, wie Papa zu ihr steht, ob er der Tante vertraut und welche Art von Aufmerksamkeit sich einfordern lässt. Das ist eher unbewusst, läuft aber garantiert ab (siehe Stirn-Lichter-Schalter-Baby-Forschung). Lea ist dabei in keiner Weise böse, sondern spult ab, was ihr Gehirn bisher an Verhaltenssignalen ausgewertet hat.

An der Stelle, an der Papa sein Portemonnaie zückt, bin ich raus. Als fröhliche Tante ist es mir zu blöd, solche Spielchen mitzumachen. Und wenn ein Elternteil dabei ist, hat dieses das letzte Wort. Sollte mein Bruder seinem Kind nicht die geringste Irritation des Lebens zumuten wollen, ist das seine Sache. Will er lieber alles mit Eiscreme zupappen, als sich wirklich mit seiner Tochter auseinanderzusetzen – nur zu. Aber ich muss nicht dabei sein. Das nächste Mal gehe ich allein mit Lea Eis essen und wir werden garantiert unseren Spaß haben.

Neben dem Ernstnehmen von Gefühlen, der Fantasielösung und dem Aufmerksamkeitsentzug kam in diesem Beispiel noch eine weitere Idee zum Einsatz: **die Wahl lassen**. Die Patin hat das verschmähte Eis auf die Verpackung gelegt. So bekommt Lea die Freiheit, selbst mit dieser Situation umzugehen. Das „Eine-Wahl-Lassen" ist eine weitere Möglichkeit, um aus dem Gegeneinander in ein Miteinander zu kommen. Jeder hat die Möglichkeit, seinen Standpunkt zu leben: Sonja den Standpunkt, dass sie wegen eines Sprungs im Schokoladenüberzug kein neues Eis kauft, Lea den Standpunkt, dass sie ein angeschlagenes Eis nicht isst. Das Kind spürt: „Ich muss mich nicht in allem den Erwachsenen fügen. Ich habe meine Spielräume."

Beispiele:

- Wir fahren zu Oma. Das bestimmen die Eltern. Welches Spiel das Kind mitnehmen möchte, kann es entscheiden.
- Zum Zähneputzen gibt es keine Alternative, aber das Kind darf wählen, ob es elektrisch putzt oder mit der Handbürste.
- Der kleine Körper braucht ein Großreinemachen. Das steht grundsätzlich nicht zur Diskussion. Ob das Kind in die Wanne geht oder unter die Dusche, darf es selbst wählen.
- Die Tante kauft dem Kind ein Eis seiner Wahl. Wenn es das plötzlich nicht mehr will, kauft sie ihm zwar kein neues, lässt ihm aber die Wahl, ob es das Eis isst oder nicht.

Die Erwachsenen geben einen Rahmen vor, innerhalb dessen sich das Kind frei bewegen kann.

Wie Machtumkehrspiele helfen

Als ich eines Tages das Buch „Kinder der Morgenröte"[33] von Hubertus von Schoenebeck entdeckte, war ich sehr beglückt, weil der Autor uns Erwachsene von unserem Thron stößt. Immer meinen wir, es besser zu wissen als die Kinder, und würden daraus das Recht ableiten, ihnen alle möglichen Vorgaben zu machen. Schoenebeck beschreibt sein entspanntes Zusammensein mit Kindern, schildert „erziehungsfreie Konflikte" und, wie alle Beteiligten sie gemeinsam lösen. Als mir das Buch in die Hände fiel, hat es mich tief berührt: diese Begeisterung für Kinder, dieses Zutrauen in ihre Schöpferkraft und vor allem die Entlastung, als Erwachsene nicht immer alles lenken und kontrollieren zu müssen.

Heute weiß ich, dass wir als Eltern nicht darum herumkommen, unseren Alltag zu steuern. Wir dürfen – bei aller Achtung für die ganz eigene Persönlichkeit unseres Kindes – dem Klein- und Vorschulkind nicht die Verantwortung dafür aufbürden, wie die Mahlzeiten, die Körperpflege oder das Abendprogramm zu gestalten sind. Eltern sind familiäre Führungskräfte. Wenn ich diese Position nicht einnehme, am besten mit viel Liebe und Humor, wird es unglaublich anstrengend für alle.

Es ist das Verdienst der schweizerisch-amerikanischen Entwicklungspsychologin Aletha Solter, die Eltern-Kind-Beziehung, die natürlicherweise von einem Machtgefälle geprägt ist, durch Spielideen zu entlasten.

Gerade, wenn es mit den Kindern nicht gut läuft, kann ein unheiliger Ernst von einem Besitz ergreifen. Man wird strenger, lauter, grimmiger, spricht dann doch Verbote und Drohungen aus und wird zu der Spaßbremse, zu der man nie werden wollte. Solche Situationen rufen Aletha Solter auf den Plan. Mit ihren Ideen bringt sie das Lachen zurück in die Eltern-Kind-Beziehung. Entspannt geht dann vieles leichter.

Besonders hilfreich sind sogenannte Machtumkehrspiele. Wenn ich ein Kind Huckepack nehme, kann ich mit ihm vereinbaren, dass es nur auf meine linke Schulter zu tippen braucht, dann gehe ich nach links, tippt es rechts, galoppiere ich zur anderen Seite. So kann mich mein Reiter steuern. Das Kind bekommt ein wenig Macht über den Erwachsenen.

Kinder werden tagein und tagaus von ihren Eltern gelenkt. Die Großen müssen ihnen übermächtig erscheinen. Da tut es gut, wenn sich die Macht gelegentlich umkehrt. Welch ein Spaß, wenn ich auf Papas Rücken sitzen und ihn überallhin steuern darf! Wie lustig, wenn ich Oma ihre

Tabletten geben darf und sie den Mund zusammenkneift, mit den Füßen aufstampft und ich ihr mit Fernsehverbot drohen muss. Welch eine Freude, wenn der Patenonkel bei der Kissenschlacht sich vor Treffern kaum retten kann und dramatisch zusammensinkt.

Machtumkehrspiele sind eine Wohltat für Kinder. Das Lachen kehrt zurück. Streit kann sich auflösen. Alle sind plötzlich wieder kooperativer.

Aletha Solter beschreibt aus ihrer Beratungspraxis, wie in dem einen oder anderen Fall eine Kissenschlacht, bei der ein Kind seine Eltern mal so richtig bombardieren durfte, Familien in stressigen Situationen (viele Umzüge, Scheidung ...) sehr geholfen hat. Endlich finden die negativen Gefühle gegenüber Mama und Papa ein Ventil. Endlich darf das Kind zu Befreiungsschlägen ausholen. Und wenn die negativen Gefühle raus sind, können positive Gefühle reinkommen. Sehr heilsam.

Machtumkehrpiele können auch helfen, wenn Waffen ein Konflikt-Thema darstellen. „Kinder haben ein so starkes Bedürfnis nach Kriegsspielen", schreibt Aletha Solter, „dass es wenig sinnvoll ist, sie zu verbieten, solange sie niemanden dabei verletzen. Statt solche martialischen Aktivitäten zu untersagen, können Sie Ihrem Kind bei der Verarbeitung seiner Gefühle helfen, indem Sie sein Spiel in ein Machtumkehrspiel verwandeln. Wenn Ihr kleiner Sohn mit dem Finger auf Sie zielt und ‚Peng, peng, du bist tot!' brüllt, reagieren Sie am besten darauf, indem Sie so dramatisch wie möglich ‚das Zeitliche' segnen."[34]

Die sieben wichtigsten Punkte zum Thema „Was tun bei Wut, Verweigerung und Trotz?":

1 **Ursachenforschung betreiben** und sich fragen, welches tiefere Bedürfnis hinter dem störenden Verhalten stecken könnte.

2 **Stift und Papier** oder ein Elterntagebuch helfen, Abstand zu gewinnen, sich auf Lösungen, statt auf Probleme zu konzentrieren und wieder eine liebevollere Sicht auf das Kind einzunehmen.

3 **Raum lassen für Wut, Ärger und Traurigkeit,** und die Gefühle des Kindes in eigenen Worten beschreiben (spiegeln), eventuell aufschreiben oder das Kind malen lassen.

4 **Wünsche in der Fantasie erfüllen** – lustige Lösungen, ausgedacht von den Eltern, nehmen den Druck aus stressigen Situationen.

5 **Liebevoll-gelassener Aufmerksamkeitsentzug** — auch der gehört ins große Elternrepertoire. Die Gefühle des Kindes respektieren, aber nicht in die Falle tappen, negativen Emotionen oder störendem Verhalten einseitig Aufmerksamkeit zu geben.

6 **Die Wahl lassen** – Entscheidungsspielräume für das Kind erhöhen die Kooperationsbereitschaft.

7 **Machtumkehrspiele** – im Spiel auch mal das Kind die Erwachsenen dirigieren zu lassen, kann unglaublich wohltuend für kleine Wutzwerge sein.

Warum das Kind glücklich ist, wenn wir es auch sind!

Die gerade aufgeführten Punkte erleichtern den Alltag enorm. Ich hätte sie gerne gekannt, als unser kleiner Sohn tobte. Wie war das damals, als ich dieses Wissen noch nicht hatte? Was hat uns geholfen?

Um diese Frage zu beantworten, muss ich tiefer gehen. Andere Menschen, allen voran unsere Kinder, reagieren sehr viel stärker darauf, wer wir sind, als auf das, was wir sagen oder tun.

„Du kannst noch so viel vorlesen und kümmern und spielen und die tollsten Kindergeburtstage organisieren", schrieb die Bloggerin Joanna Goetz im November 2018 in einem Beitrag, „bist du dabei gestresst, minderwertig, voll mit Sorgen, genervt usw., dann hat das einen viel größeren Input in das Leben aller, die mit dir zusammen sind, als jedes Laterne-Basteln es haben könnte."[35]

Das ist der entscheidende Punkt, das eigene Sein und die Atmosphäre zu Hause, den wir immer wieder vergessen. Ich kann einem anderen Menschen nur etwas in sein Glas schenken, wenn meine eigene Kanne voll ist, voll mit Liebe, Vertrauen, Klarheit, Sicherheit. Oder noch ein Bild: Wenn ich in einem Flugzeug sitze und wir haben einen Druckabfall in der Kabine, setze ich die Sauerstoffmaske zuerst mir selbst auf und dann dem Kind neben mir. Hänge ich bewusstlos im Sessel, ist niemandem geholfen. Das gilt auch bei Druckanstieg in der Familie.

Aus diesem Grund kann eine „Bedürfnisorientierte Erziehung" Eltern in die Irre führen. Sie fokussieren sich auf ihr Kind und sind immer weniger bei sich. Und weil da niemand mehr ist, verliert das Kind den Halt. „Mama? Papa? Ich wollte mich euch anschließen auf dem Weg ins Leben, aber wer geht hier voran? Wer seid ihr eigentlich? Habt ihr auch Bedürfnisse oder lebt ihr die erst, wenn ich im Bett bin? Und das kann dauern, wie wir alle wissen."

Kinder scheinen aus Eltern herauskitzeln zu wollen, wer diese Leute sind, die sie aus der Klinik oder dem Geburtshaus mit nach Hause genommen haben. Sind es Fulltime-Servicekräfte, die vorgeben, ohne Schlaf auszukommen, sind es Reformpädagogen, Psychotherapeuten oder einfach meine Eltern? Sie kitzeln es mit störendem Verhalten heraus.

Dieses störende Verhalten ruft uns erst recht auf den Plan. Das Kind – denken wir – müsste irgendwie anders sein, als es ist. Und wir Eltern müssten noch besser verstehen, was in ihm vorgeht. Hat es ein Trauma erlitten, als wir damals umgezogen sind? Oder früher? Bei der Geburt, oder davor? War ich zu gestresst während der Schwangerschaft? War der Übergang von der Tagesmutter zur Kita zu heftig? Ist ihm vielleicht ein Problem angeboren, dem wir noch nicht auf die Schliche gekommen sind? Ist es hochbegabt, sehr sensibel oder „gefühlsstark"? Müssten wir härter durchgreifen oder noch verständnisvoller sein?

Jesper Juul schreibt in diesem Zusammenhang von einer Einbahnstraße, in die Eltern geraten. „Moderne Eltern scheinen unablässig damit beschäftigt zu sein, ob sie den Kindern auch genug *geben*. Indem sich unsere Kenntnisse über die kindliche Entwicklung vermehrt haben, fragen wir uns, ob die Kinder genug Aufmerksamkeit, Liebe, Anregung und Fürsorge bekommen."[36] Wir meinen, dem Kind immer mehr und noch mehr geben zu müssen. Dieses Bemühen ist gut gemeint. Aber es schwächt das Kind. Vermeintliche Defizite des kleinen Menschen geraten in den Fokus, Experten werden hinzugezogen, Therapien begonnen. Am liebsten würden wir den Nachwuchs einpacken und jemandem zum Reparieren auf den Behandlungstisch setzen. „Wir holen das Kind dann nachher wieder ab. Versprochen."

Zum Glück gibt es einen solchen Service nicht. Auch wir setzten unseren Sohn auf keinen Behandlungstisch, sondern immer öfter zu Hause auf den „Stillen Stuhl", weil wir in einem Erziehungstraining gelernt hatten, wir könnten ihm auf diese Weise bei ungebührlichem Verhalten eine Auszeit verpassen. „Ich weiß noch", erinnert er sich heute, „wie ich auf einem Stuhl sitzen musste und nichts sagen durfte." Während ich dies schreibe, fluten mich Schamgefühle. Was haben wir getan? Wie hilflos waren wir damals?

Ohne diese Hilflosigkeit jedoch hätte es meinen Blog und meine Bücher nicht gegeben. Ohne diese Erfahrungen hätte ich mich nicht auf den Weg begeben, von dem ich hier schreibe. Dieser Weg begann mit einem Kurs zur persönlichen Weiterentwicklung. Der Tipp kam von einer Freundin. Mehrfach hatte sie berichtet, was sich für sie dadurch verändert hatte. „Ganz nett", dachte ich, „aber nichts für mich." Erst als wir „Stille Stühle" in jedem Zimmer, aber weiterhin einen tobenden Sohn hatten, beschloss ich, dass ich grundlegend etwas ändern musste. Ich beschloss, nicht mehr an ihm, sondern an mir zu arbeiten, und meldete mich an.

Im Tagungshotel ein Zimmer und ein Bett für mich allein zu haben, war schon eine Wohltat. Nach der ganzen Zeit mit kleinen Kindern, nach den beiden Geburten, eine davon im Ausland, nach drei Umzügen innerhalb von drei

Jahren, und nach der Zeit, in der ich mich wegen der Arbeitsbelastung meines Mannes hauptsächlich allein um die Kinder gekümmert hatte, war ich ausgebrannt. Wenn mich die Kinder morgens aus dem Schlaf rissen, konnte ich meinen Namen sagen. Aber wer war ich? Was war mir wichtig? Und wie konnte ich den Kindern etwas Wertvolles geben, wenn ich selbst leer war?

An dem Kurswochenende ist mir vieles klar geworden: was mich als Kind geprägt hat, welche inneren Muster mich begrenzen, was ich meinem Partner alles vorwerfe und wie das für ihn sein muss, was ich über Männer und Frauen denke, wie ich mich selbst für die Familienarbeit entwerte, was ich beruflich möchte und wo ich nur die Erwartungen von anderen erfülle ... Eine große Last fiel von meinen Schultern. „Leben darf leicht sein!" – „Ich darf aufhören zu kämpfen." – „Ich muss nichts über mich beweisen, nicht als Journalistin, nicht als Mama, nicht als Mensch."

In der Nacht, in der ich zurückkam, zerrte ich die ganze Familie aus den Betten und küsste sie ab. So glücklich war ich. Niemand wehrte sich. Am nächsten Tag ging alles leichter, und auch an fast allen anderen Tagen, die darauf folgten. Nach wenigen Wochen fiel uns auf, dass die Wutausbrüche unseres Sohnes nach und nach aufgehört hatten. Die „Stillen Stühle" konnten wir wieder am Küchentisch einreihen. Es ging ihm besser. Sogar eine beginnende Zwangshandlung war verschwunden. Dieser Wandel hatte sich vollzogen, ohne dass ich das Thema auf meinem Seminar direkt bearbeitet oder im Umgang mit Kronprinz irgendwelche neuen Erziehungstipps angewandt hatte. Er war meiner Veränderung gefolgt. Wie sagte meine Coaching-Lehrerin Maria Craemer: „Wenn wir wieder glücklich sind, sind die Kinder die ersten, die uns in dieses Glück folgen."

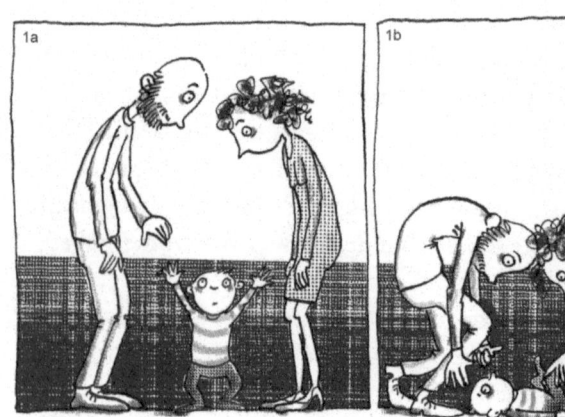

Wenn die Eltern nur um das Kind und seine Bedürfnisse kreisen, wird das Familienleben mühsam und das Kind schwach.

Mein Glück sah so aus, dass ich zum ersten Mal, seit ich Kinder hatte, „fest in meinen Schuhen" stand. Ich konnte Sofahüpfen an einem Tag verbieten und am anderen Tag mitspringen, wenn ich nur für guten Halt in mir selbst sorgte. Wir ringen nicht mehr um ein hohles Sich-Durchsetzen, sondern führen durch innere Stärke, trauen den Kindern mehr zu und wundern uns, was plötzlich ohne Jammern alles geht. Wir kämpfen nicht mehr gegen Probleme (was sie verstärkt), sondern machen uns eine gute Zeit mit den wichtigsten Menschen in unserem Leben.

„Nur für guten Halt in sich selbst sorgen" – ich höre manchen von euch seufzen: Als ob das so einfach wäre! Auch bei mir gab es Rückfälle in alte Muster. Aber weil ich einmal erfahren habe, wie sehr meine Familie auflebt, wenn ich in meiner Mitte bin, passe ich auf, dass ich nicht vom Kurs abkomme. So sind die Kinder damit aufgewachsen, dass ich Zeit für mich allein brauche, mich regelmäßig zurückziehe und in Büchern oder auf Fortbildungen Kraft tanke.

Wenn die Eltern sich dagegen auch um ihr eigenes Glück kümmern, stecken sie das Kind mit ihrer Freude an und stärken es.

Ich bin sehr dankbar, dass es diesen Weg der eigenen Weiterentwicklung für uns Eltern gab, statt unseren Sohn von Therapeut zu Therapeut zu schleifen, statt ihn als Problem zu behandeln und ihm das Gefühl tief einzupflanzen, mit ihm sei irgendetwas nicht in Ordnung.

Bitte versteht mich nicht falsch. Natürlich gibt es Fälle, in denen es sinnvoll ist, sich therapeutische Unterstützung zu holen. Ich möchte euch jedoch dazu anregen, zuerst bei euch selbst zu schauen. Inwiefern spiegelt mein Kind eine Schieflage in unserer Familie? Ist sein Verhalten ein Hinweis auf ein Muster, das ich endlich überwinden könnte? Welche Veränderung kann ich bei mir selbst anstoßen, ehe ich mein Kind für krank oder gestört erkläre?

Mir hat ein Coaching-Seminar zur persönlichen Weiterentwicklung geholfen. Für jeden kann es etwas anderes sein: ein paar Tage in einem Kloster, eine Eltern-Kind-Kur, eine Pilgerreise, ein Onlinekurs, eine Meditation, ein Seminar zur „Inneren-Kind-Heilung" oder ein wiederentdecktes Hobby.

Und manchmal sind es kleine Freuden im Alltag, auf die man sich schon mal fokussieren kann, ehe man die ganz große Veränderung anstößt. Eine Mama erzählte mir beim Coaching, dass sie neulich eine unbändige Lust verspürte, selbst Tortellini mit Ricotta-Füllung zu machen. Ihre Tochter, sieben Jahre alt, ließ sich von der Begeisterung anstecken und werkelte mit in der Küche. Die größte Überraschung aber war, dass das Mädchen die Tortellini aß. Sonst eine schlechte Esserin, die bis zu einer Stunde am Tisch verbringt, um aberwitzig kleine Mengen Vollkornbrot und Viertel von Cocktailtomaten hinunterzubringen, verspeiste diesmal mit Lust eine Tortellini nach der anderen. Kein Verhandeln, keine mütterliche Sitzblockade bis zum letzten Kohlrabistick, keine Verweigerung, kein Kampf. Einfach Freude am Essen. Und das alles entstand nebenbei, weil die Mama sich gönnte, etwas zu tun, was ihr Freude macht. Ohne irgendeine Absicht für das Kind.

Die sieben wichtigsten Punkte zum Thema „Warum das Kind glücklicher ist, wenn wir es auch sind!":

1 **Die familiäre Atmosphäre prägt das Kind** viel mehr, als unsere Bereitschaft, mit ihm zu spielen, alles selbst zu basteln oder Geburtstagstorten als Raketen-Rampen zu gestalten.

2 **Unser Sein ist entscheidend**, viel mehr als das, was wir tun oder dem Kind predigen.

3 **Das Kind erlebt sich als fehlerhaft**, wenn wir es für Störungen allein verantwortlich machen und anfangen, es zu bearbeiten („Einbahnstraße").

4 **Unerwünschtes Verhalten ist ein Test.** Wer bist du eigentlich, Mama/Papa?

5 Niemand – außer Mama und Papa selbst – profitiert so unmittelbar von der **persönlichen Weiterentwicklung der Eltern** wie die Kinder.

6 Die Kleinkindzeit fällt meist zusammen mit der Lebens-Rushhour der Eltern: Kinderbetreuung, beruflicher Einstieg oder Aufstieg, Hausbau ... **Gönnt euch Erholung und Zeit für euch selbst!**

7 **Echte Freude ist ansteckend,** niemand infiziert sich so leicht damit wie Kinder.

Wie können Eltern und Kinder besser kommunizieren?

Ich habe ganz früh mit meinen Kindern geredet. Als ich mit unserer Tochter schwanger war, lebten wir in Paris. Aus dem Vorort, in dem wir wohnten, fuhr ich mit meinem dicken Bauch in die Stadt ins Hôpital Américain zur Vorsorgeuntersuchung. Beim Ultraschall und Herztöne-Abhören sah ich in die besorgten Gesichter einer Ärztin und einer Krankenschwester. Ich konnte so viel Französisch, dass ich verstand, das Baby bewege sich wenig und sei beunruhigend passiv. Was das zu bedeuten hatte, wurde mir nicht erklärt. Stattdessen bekam ich einen Umschlag mit Berichten und einer Grafik der kindlichen Herztöne mit auf den Weg.

Wieder im Auto blieb ich eine Weile darin sitzen, ohne den Motor zu starten. Auf dem Boulevard Victor-Hugo rauschte der Verkehr an mir vorbei. Ich ließ ihn rauschen und sprach mit unserem Kind. „Du bist da, du lebst und bist gesund. Ich spüre deine Kraft." So redete ich auf die Kugel ein, die unter dem Lenkrad klemmte. „Schon zu mir hat man immer gesagt: ‚Klein, aber oho!'. Du bist eben ‚ruhig, aber oho!'. Das wird. Die werden sich noch über dich wundern. Wenn du willst, fahren wir dann wieder hierher und die sollen dich mal kennenlernen."

Diese Rede an das ungeborene Kind hat mir Mut gemacht. Und ich bin mir sicher, dass meine Worte auch das Baby erreicht haben. Ganz abgesehen von den ganzen Botenstoffen des Vertrauens, der Bindung und des Glücks, die durch die Nabelschnur rauschten wie der Verkehr durch die Pariser Häuserschluchten.

Ich bin glühend davon überzeugt, dass Babys viel mehr verstehen, als wir denken, und dass der Säugling schon von der ersten Stunde an mit uns kommuniziert. Erinnert euch nur an die Beobachtung von Neugeborenen, die – wenn man sie lässt – sich wenige Stunden nach der Geburt auf dem Bauch der Mutter zu den Brustwarzen hocharbeiten. Seiner Mama dabei in die Augen sehen zu können, spielt dabei eine wichtige Rolle. Also auch Kommunikation. Was das für unsere Handynutzung heißt, wenn dem Baby der Blickkontakt zu häufig durch ein Smartphone verwehrt wird, will ich mir gar nicht vorstellen. Aber das nur am Rande.

Die Untersuchungen damals im Hospital waren natürlich wichtig. Ich habe jeden Vorsorgetermin wahrgenommen. Nur leider haben wir verkopften Eltern in hochindustrialisierten Ländern gelernt, uns eher auf Ultraschallbilder und Herztonfrequenzen zu verlassen als auf unsere Intuition. Deshalb war ich sehr froh über meine Eingebung, mit der winzigen Prinzessin in meinem Bauch zu reden.

Auch Rita Messmer, die Schweizer Therapeutin, empfiehlt, mit den ganz Kleinen zu sprechen, als würden sie schon alles verstehen. Als ihr erstes Kind neun Monate alt war, übernachtete die junge Familie bei Ritas Eltern. Am darauffolgenden Morgen verließen Rita und ihr Mann früh um sechs Uhr das Haus. „Aus Gedankenlosigkeit hatten wir sie nicht darauf hingewiesen, dass wir bei ihrem Erwachen nicht anwesend sein würden", erinnert sie sich. „Wir wussten, dass wir gegen Mittag wieder zu Hause sein würden. Als Simone erwachte, [...] fühlte sie sich hintergangen. In den nächsten Tagen merkten wir an ihrem Verhalten, dass sie ihr Vertrauen wieder aufbauen musste, denn sie versicherte sich immer und immer wieder unserer Anwesenheit."[37] Deshalb rät die Schweizer Therapeutin, ein Kind immer zu informieren, wenn man weggeht. Es verliere sonst das Vertrauen in seine Eltern, wenn es von ihnen schlafen gelegt, beim Aufwachen aber von einer Babysitterin betreut wird.

Niemand wird glauben, auch Rita nicht, dass das kleine Wesen Wort für Wort verstanden hätte, was die Erwachsenen zum ihm gesagt hätten. Aber es hätte die Botschaft gespürt: „Du kannst dich auf uns verlassen. Du bist in Sicherheit."

Auch die Eltern stärkt es, wenn sie das Kind in ihre Pläne einweihen. Wenn ich jemanden damit vertraut mache, worauf er oder sie sich einstellen kann – beim Arzt, in der Kinderturnstunde oder beim ersten Friseurbesuch –, muss ich mir selbst darüber Gedanken gemacht haben. So gewinne ich Klarheit. Und einmal ausgesprochen, wird das Gesagte Programm und stärkt die Eltern in ihrer Führungskompetenz. Und die ist wichtig. So schreibt die deutsche Bindungsforscherin Fabienne Becker-Stoll: Das Kind braucht eine „Bindungsperson, die vom Kind als größer, stärker, erfahrener und liebenswürdig erlebt wird."[38] Kann man beim Baby berechtigte Zweifel haben, ob es außer dem guten Gefühl noch mehr aus unserem Gespräch mitgenommen hat, so kann man sich bei einem Kind im Alter von vier Jahren sicher sein. In diesem Alter fängt es an zu begreifen, dass der andere Mensch anders denkt und empfindet als es selbst. Langsam dämmert ihm, dass es außerhalb seines Kosmos weitere Planeten gibt. Und wenn man mit Vierjährigen darüber spricht, was man für Ideen und Pläne hat, können sie ab diesem Alter Verständnis dafür entwickeln, auch wenn ihnen der Plan nicht gefällt. Sie begreifen: Es gibt das Leben der anderen.

Ein Beispiel:

Finn (4) wird jeden Morgen von seiner Mutter in die Kita gebracht. An diesem Morgen aber ist alles anders. Mama hält in einer anderen Stadt einen Vortrag. Deshalb wird Lars, sein Papa, ihn heute begleiten und steht bereit, um ihn zum Aufbruch fertigzumachen. Finn sitzt stocksteif auf der kleinen Bank im Flur, die Arme verschränkt, der Mund ein Strich zwischen den Pausbacken. Mama soll ihn bringen. „Mama ist aber nicht da." Papa spricht ganz sanft. „Heute bringe ich dich. Komm, zieh schnell deine Jacke und die Schuhe an." – „Nein!" Lars kann noch so lieb sprechen. Finn wird sich keinen Millimeter von der Stelle bewegen. „Mama sitzt schon in der S-Bahn. Sie kann dich heute nicht bringen. Morgen kannst du wieder mit ihr gehen." – „Nein!" Finn stampft mit beiden Füßen auf. „Sie spricht vor ganz vielen Leuten. Das ist wichtig für ihre Arbeit. Damit verdient sie Geld und wir können Haferflocken und Spielzeug kaufen." – „Nein, Mama soll mich bringen!" Finn wirft die Jacke auf den Boden. „Willst du dein Schwert ausnahmsweise mitnehmen? Wollen wir heute mit dem Fahrrad fahren?"

Nichts hilft. Unter Geschrei und Tränen bringt Lars seinen Sohn schließlich in die Kita. Der kleine Mann ist unglücklich, der Große auch.

Am Abend spricht er noch einmal mit Finn. „Warum war es eigentlich so schlimm, dass ich dich heute zum Kindergarten gebracht habe und nicht Mama?" – „Ihr habt mir gar nichts gesagt." – „Wie? Hatten wir beim Abendbrot nicht darüber gesprochen?" – „Nein!" Finn weint wieder. „Aber Mama hat es dir doch sicher erzählt." – „Nein!"

Später am Abend bespricht Lars das Thema mit seiner Frau. „Haben wir Finn tatsächlich nicht gesagt, dass es heute morgen anders laufen wird als sonst?" Beide stellen fest, dass ihnen, den Erwachsenen, alles klar war, aber niemand mit Finn darüber gesprochen hat. Am nächsten Morgen entschuldigt sich Lars bei Finn. „Du hattest Recht. Wir haben vergessen, dir zu erzählen, dass Mama einen Vortrag hält und dich nicht zur Kita bringen kann. Das tut mir leid." Finn schlingt seinen Arm um Papas Hals. „Ich hab dich lieb. Bringst du mich heute wieder?"

Kinder, nein, eigentlich wir alle, mögen es, sich auf eine ungewohnte Situation einstellen zu können. So auch der Junge aus unserem Beispiel. Er war wütend, dass das Finn-Leben an diesem Morgen so komplett anders lief als sonst, sodass keine besondere Zuwendung, keine Argumente, keine Bestechung ihn zur Kooperation bewegen konnten. Beim nächsten Mal werden die Eltern vorher mit ihm sprechen, wenn im Alltag eine Veränderung oder ein größeres Ereignis bevorsteht. Vielleicht werden ihm die Pläne nicht auf Anhieb gefallen. Aber die Eltern haben die große Chance, ihn in einer entspannten Atmosphäre dafür zu gewinnen. Garantiert wird es dann viel leichter gehen.

Diese zunehmende Fähigkeit zum Perspektivwechsel belegt eine eindrucksvolle Studie aus den USA: Kinder bis zu drei Jahren sind in der Regel gestresst, wenn sie in einer unbekannten Umgebung von ihrer Bindungsperson getrennt sind. Sie zeigen Belastungssymptome, selbst wenn Mama vorher erklärt hat, dass sie kurz weggehen würde, und sie damit einverstanden waren.[39]

Ganz anders die meisten Vierjährigen, die in Mamas Plan eingeweiht und mit ihm in Einklang waren. Bei ihnen ist während der Trennung kaum eine Belastung messbar.

Die Fähigkeit, sich auch zunehmend in andere Menschen hineinzuversetzen, führt zu einem neuen Level der Verbundenheit mit den Eltern. „[...] dann fühlen sich die Kinder während einer kurzen Trennung sehr viel sicherer, weil sie wissen, dass sie und die Eltern einen gemeinsamen Plan haben, der auch bestehen bleibt, wenn die Eltern nicht anwesend sind."[40]

Ob also ein Urlaub bevorsteht, eine neue Babysitterin kommt, am anderen Tag der Umzugswagen vorfährt, es die nächste Nacht bei Oma verbringt oder Papa der Kita-Chauffeur ist – es ist eine gute Idee, mit dem Kind in Ruhe über die bevorstehenden Ereignisse zu sprechen. Und klar: Die Eltern werden weder den Arzttermin absagen noch den Umzugswagen zurückschicken, wenn Prinzessin oder Kronprinz den Daumen senken. Aber das Kind kann Fragen dazu stellen und im Rahmen der Pläne seiner Eltern Wünsche äußern. „Mit der neuen Babysitterin will ich aber das Jemery-James-Buch lesen." – „Das wird sicher kein Problem sein. Das können wir sie zusammen fragen." – „Wenn der Umzugswagen kommt, kann ich einmal da rein klettern?" – „Das müsste möglich sein, wenn ich dich hineinhebe." – „Hat der Augenarzt auch eine Überraschungskiste wie der Kinderarzt?" – „Das weiß ich nicht. Ich werde darauf achten, wenn wir in der Praxis sind."

Es ist kein Wunder, dass die Conni-Bücher so beliebt sind. Ihr wisst schon: „Conni beim Kinderarzt", „Conni beim Ballett", „Conni bekommt eine Katze", „Conni zieht um" ... Die kleinen Hefte bereiten Kinder auf eine unbekannte Situation vor. Es ist wichtig, dass sie wissen, worauf sie sich einstellen müssen.

Mit dem Kind reden, um es zu ermutigen, um Pläne mit ihm zu besprechen, um zu klären, was es in einer ungewohnten Situation erwartet – so genutzt, schaffen Worte Nähe.

Viele Worte, die den Elternmund verlassen, sind jedoch trennende Worte. Ein Kollege von Jesper Juul hat in einem Projekt mit Kindern zwischen drei und sechs Jahren erfahren, wie sie die Kommunikation mit ihren Eltern erleben. Das Ergebnis: 90 Prozent der befragten Kinder empfinden es so, dass Eltern 80 Prozent der Zeit, die sie mit ihnen verbringen, schimpfen. Die befragten Erwachsenen hingegen meinen, sie würden nur zehn Prozent der Zeit schimpfen.[41]

Wir schimpfen, weil wir uns ein anderes Verhalten wünschen, weil Kleider auf dem Boden liegen, Gläser umgeworfen, Haare nicht gekämmt und Kacheln mit Lippenstift bemalt werden. Ein ganzer Redeschwall ergießt sich dann über das Kind. Das meiste davon völlig nutzlos, sogar schädlich, weil sich gern Entwertungen in die Sätze schummeln. „Immer musst du alles kaputt machen!" – „Du bist genauso ein Chaot wie dein Vater!" – „Ich kann deine Zicken nicht mehr ertragen!"

Wie kommen wir daraus? Was bringt uns so auf die Palme?

Wir sind so ärgerlich, weil das Verhalten immer wieder auftritt, weil wir „schon hundert Mal gesagt haben, dass …". Kurze Zwischenfrage: Wie kommen wir eigentlich auf die Idee, das 101. Mal könnte wirksam sein?

Deshalb höre ich auf mit meinen Vorträgen und wähle ein anderes Vorgehen: Angenommen, euer Sohn, fünf Jahre alt, verliert oder vergisst ständig Sachen in der Vorschule: Mützen, Lineal, den rechten Handschuh, die Turnhose … Was nicht fest mit ihm verwachsen ist, verschwindet im Laufe des Tages. Ihr beginnt, an schwarze Löcher in der Kita zu glauben, vor allem aber schimpft ihr Tag ein Tag aus mit eurem Kind. „Kannst du nicht besser aufpassen?" – „Was bist du für ein Chaot!" – „Ich kaufe dir nur noch die billigen Stifte, denn du wirst sie ja sowieso wieder verlieren." – „Ich streiche dir das Taschengeld/die iPad-Zeit/die Verabredung mit dem Freund …" Jeden Tag gibt es Ärger und schlechte Stimmung, ihr motzt und meckert, aber nichts hilft.

Dann probiert doch mal Folgendes: Ihr setzt euch mit eurem Kind zusammen an einen Tisch und sagt, dass ihr mit ihm über das Schwarze-Löcher-Problem reden möchtet. Ihr sagt, dass ihr euch sehr darüber ärgert, was alles verloren geht (eigene Gefühle zum Ausdruck bringen), was das alles an Geld, Zeit und Nerven kostet, und ihr sagt: „Leo, ich sehe, dass dich das Thema auch belastet. Neulich habe ich gemerkt, wie traurig du warst, als dein Fußballstift verschwunden war (auf Gefühle des Kindes eingehen). Ich möchte mit dir zusammen eine Lösung finden. Wir schreiben uns jetzt alle Ideen auf, die uns in den Sinn kommen."

Kinder freuen sich, ernsthaft einbezogen zu werden. Plötzlich werden ihre Ideen und Gedanken gehört und sogar aufgeschrieben. Plötzlich sind sie nicht mehr das schwierige Kind, sondern ein Impulsgeber, nicht mehr Teil des Problems, sondern Teil der Lösung. Ihr macht ein richtiges „Brainstorming" und sammelt jede Idee auf dem Blatt Papier: „Namensaufkleber besorgen" (Mamas Vorschlag), „nur noch Turnhosen in Leuchtfarbe kaufen" (Leo), „Sachen-Check immer beim Verlassen der Kita" (Mama), „größeres Mäppchen, in das alles reinpasst" (Mama), „überall ein Foto von Leo draufkleben" (Leo), „das Verhältnis zum Hausmeister mit einer Schachtel Pralinen stärken" (Mama), „für Leo nur noch magnetische Sachen anschaffen" (Leo), „nie wieder Mützen tragen" (Leo), „Radiergummis im Hunderterpack kaufen" (Leo), „mit Durchsuchungsbefehl bei der Kitaleiterin aufkreuzen" (Mama), „mit Stofffarbe auf den Turnbeutel malen, was da alles reingehört" (Leo), „beim Aufbruch spielen, dass Leo vor seinem wichtigen Flug nach Nairobi durch die Sicherheitskontrolle gegangen ist und nun alles sorgfältig wieder einpacken muss, damit nichts fehlt bei seiner bevorstehenden Safari" (Mama), „nicht mehr neben Tim sitzen, der immer alles wegnimmt" (Leo)…

Wichtig ist, dass ihr jede Idee aufschreibt, die euch und vor allem eurem Kind in den Sinn kommt. Kein Einfall – und sei er noch so verrückt – darf abgewertet werden, sonst entmutigt ihr den kleinen Freigeist. Es wird alles notiert. Im zweiten Schritt schaut ihr euch zusammen an, welche Vorschläge helfen könnten. Nehmt euch zurück. Lasst vor allem euer Kind sagen, welche Ideen es gut findet. Ihr werdet euch wundern, wie konstruktiv Kinder sind und wie sie sich begeistern können, wenn ihre Kompetenz gefragt ist. Vor allem ist die Chance viel größer, dass das Problem verschwindet, weil aus dem Gegeneinander ein Miteinander wird.

Die sieben wichtigsten Punkte zum Thema „Wie können Eltern und Kinder besser kommunizieren?":

1 **Mit den Kleinsten reden.** Auch wenn sie noch nicht alles verstehen, stärkt es die Bindung.
2 **Babys begreifen mehr, als wir häufig denken.** Außerdem gibt es ihnen Sicherheit, wenn wir beruhigend mit ihnen reden und sie in unsere Pläne einweihen.
3 **Ungewohnte Situationen vorher durchsprechen.** Ab etwa vier Jahren können sich Kinder in andere Personen hineindenken. In ungewohnten Situationen kooperieren sie leichter, wenn sie in den Plan eingeweiht sind. Auch Änderungen in täglichen Abläufen nach Möglichkeit vorher durchsprechen.
4 **Auf Trennungen einstimmen.** Vierjährige, die auf Trennungen von den engsten Bindungspersonen im

Vorfeld eingestimmt wurden, zeigen während der Trennung keinen oder deutlich weniger Stress.

5 **Missverständnisse aufklären und sich beim Kind entschuldigen**, wie der Papa von Finn. So erfährt das Kind, dass a) Fehler passieren, aber korrigiert werden können, und b) auch Erwachsene Fehler machen. Das gegenseitige Verständnis wird größer und die Bindung stärker.

6 **Mit Büchern auf neue Situationen vorbereiten.** Ein Umzug, ein Arztbesuch, der erste Tag in der Vorschule, der erste Flug ... Wenn wir zusammen ein Buch anschauen, das die Thematik behandelt, läuft es stressfreier.

7 **Statt zu schimpfen, zusammen eine Lösung finden.** Vorwurfsvolles Sprechen eignet sich nicht, um Verhalten nachhaltig zu ändern. Lieber das Kind eigene Ideen einbringen lassen.

Soll man Mädchen und Jungen gleichbehandeln?

Früher gab es starre Rollenbilder. Mädchen hatten artig zu sein und mit Puppen zu spielen, Jungen mussten stark sein, durften nicht weinen („Sei ein Mann!") und waren festgelegt auf Autos, Ritterburgen und Sheriff-Attitüde. In den 1970er-Jahren wurde es bunter. Man fing an, Mädchen für die Naturwissenschaften zu begeistern. Sehr Eifrige brachten Jungen das Stricken bei. Bei uns zu Hause gab es für meine drei Schwestern und mich zu Weihnachten Fischertechnik, Elektrobaukästen und Holzwerkzeug. In der Grundschule ging ich zum Fasching als Kosake mit aufgemaltem Bart und dem Fuchsschwanz meiner Oma als Pelzmütze auf dem Kopf. Als ich auf das Gymnasium kam, hatte ich kurze Haare. Manche hielten mich für einen Jungen.

Für Mädchen wurde immer mehr möglich und Jungs durften endlich ihre weiche Seite zeigen. Nie würde ich das zurückdrehen wollen, auch wenn ich sauer war, dass Klassenkameraden mich für Nachhilfe in Mathe buchten, meine Freundinnen aber um ein Date fragten.

Um starre Strukturen aufzulösen, braucht es eine starke Gegenbewegung. Wir müssen uns wehren, wenn Mädchen oder Frauen in ihren Möglichkeiten und Rechten eingeschränkt werden. Es ist und bleibt ein schreiendes Unrecht, wenn Frauen für die gleiche Arbeit schlechter bezahlt

werden oder einen Job nur gegen sexuelle Gefälligkeiten bekommen.

Nur passiert es gerne, dass wir von der anderen Seite
vom Pferd fallen, wenn wir uns besonders engagiert für
etwas einsetzen. Dann gibt es schiefe Blicke, wenn eine
Mama mit Freude ihre Tochter in Rosa kleidet oder sich
nicht stärker ins Zeug legt, damit ihr Sohn zum Ballett und
nicht zum Fußball geht. Beide Verhalten, sowohl sehr ge-
schlechtsspezifisch zu denken, als auch Unterschiede zwischen Jungen und Mädchen zu leugnen, sind Seiten der
gleichen Medaille: einem Kind wird von außen mehr oder
weniger subtil aufgezwungen, wie es zu sein hat. Entweder
Prinzessin oder gender-mäßig korrekt, ein raubeiniger Kerl
oder ein kleiner Mann ohne Eigenschaften, Mamas „politi-
cal" korrekte Version eines weiblichen oder männlichen
Wesens.

Egal, auf welche Seite wir uns schlagen – es kann passieren, dass wir nicht das Kind sehen, das wir vor uns
haben. Und wenn wir so tun, als gäbe es gar keine Unterschiede zwischen den Geschlechtern, werden wir dem einzelnen Mädchen oder Jungen nicht gerecht. So schreibt
Managementberaterin Vera Birkenbihl, eine der ersten
Frauen in der „Speaker"-Szene[42]:

„Wir haben lange genug daran gearbeitet, die Frauen zu
emanzipieren, und wir müssen dafür sorgen, dass diese
Entwicklung anhält, aber wir müssen uns auch fragen, ob
wir dabei einen Teil der Männerwelt (unbeabsichtigt?) geopfert haben, und zwar den, der sich am wenigsten wehren
kann, den der kleinen Jungen."[43]

Es gibt ein paar Eigenschaften bei Jungs, die uns Eltern
viele Nerven kosten können und uns dazu verleiten, sie als
böse, bockig oder hyperaktiv abzustempeln. Ich möchte
mich deshalb schützend vor die kleinen Männer stellen.

Zum einen, weil der Kampf gegen bestimmte Verhaltensweisen genau das verstärkt, was wir ihnen abgewöhnen möchten. Zum anderen, weil das Kind und unsere Beziehung zu ihm darunter leiden wird. Und dann wird es richtig schwierig. Denn es gilt der alte Satz von Jesper Juul: „Ohne eine gute *Beziehung* ist *Erziehung* nicht möglich."

Mit der folgenden Auflistung typischen Verhaltens möchte ich das Verständnis für Jungen vergrößern. Wenn Eltern und Lehrer besser einordnen können, warum sich ein Junge so verhält – so mein Wunsch –, muss er nicht noch mehr aufdrehen, sich noch unflätiger ausdrücken oder den Macho geben, um für seine Bedürfnisse Gehör zu finden.

Nicht umsonst sind es in der Mehrheit Jungen, denen unberechtigt der Stempel ADHS (Aufmerksamkeitsdefizit-Hyperaktivitätsstörung) verpasst wird[44], und es sind überwiegend Jungen, die als Schulversager gelten und vorzeitig die Schule verlassen müssen.[45]

Um Missverständnissen vorzubeugen: Ich bin überzeugt, dass es sehr wohl männliche Anteile in Mädchen gibt und weibliche Anteile in Jungen, dass es mädchenhafte Jungs und jungenhafte Mädchen gibt und dass das wunderbar ist und gesehen werden sollte. Die nachfolgenden Punkte sind Tendenzen und Vereinfachungen, die gleichwohl helfen können, Probleme erst gar nicht entstehen zu lassen.

Folgende Verhaltensweisen können euch bei
Jungen begegnen:

Ein überbordender Bewegungsdrang:

Eine Tante von mir ist Mutter von sieben Kindern, zwei Mädchen und fünf Jungen. Wenn die Familie alle paar Monate aus dem Saarland anreiste, um uns zu besuchen, waren meine Eltern, meine Schwestern und ich nach ihrer Abreise völlig erschöpft. Meine Cousins mussten überall draufklettern, überall runterspringen, rennen, sich jagen, mit Rädern Vollbremsungen üben und die Pergola, die von einer zarten Waldrebe umrankt wurde, als Handballtor nutzen. Meistens waren unsere Räder anschließend kaputt, unsere Roller hatten ein Schleudertrauma und die Waldrebe ließ ihre Blütenköpfe hängen. Dabei waren diese fünf wilden Kerle ausgesprochen liebenswert. Jeder von ihnen. Es wurde nichts mutwillig zerstört. Mit ihnen kam jedoch eine intensive Körperlichkeit in unser Haus, die wir einfach nicht gewöhnt waren. Wenn ich mit meiner etwa gleichaltrigen Cousine zum Kiosk schlenderte, überholten uns ihre Brüder. Später erfuhren wir, dass einer von ihnen unter die Eisenbahnbrücke geklettert war, die in der Nähe meines Elternhauses über alte Zechengleise führt. Täglich radelte ich damals mit meinen Freundinnen über diese Brücke zur Schule, aber keine von uns wäre je auf die Idee gekommen, sich an dem Gestänge an der Unterseite über die Schlucht zu hangeln. Mein Cousin Christoph schon. Es brauchte nur ein langweiliges Kaffeetrinken, um dieses Abenteuer auszuhecken, nur eine halbe Stunde Stillsitzen zu viel, um es auch durchzuführen.

Hatten Tante und Onkel ihren Söhnen das anerzogen? Ist der überbordende Bewegungsdrang der meisten Jungen ein Ergebnis der Geschlechtersozialisation? In ihrem Buch „Das männliche Gehirn" schreibt Louann Brizendine, Professorin für Neuropsychiatrie an der University of California in San Francisco: „Jungen sind darauf programmiert, sich zu bewegen, Dinge in Bewegung zu setzen und bewegten Dingen zuzusehen." Dieser Bewegungsdrang sei „zum größeren Teil biologisch im männlichen Gehirn verdrahtet". Unter Hinweis auf mehrere Studien heißt es bei Brizendine weiter, schon im Mutterleib würden bei Jungen – anders als bei Mädchen – Gene aktiviert, die sie drängen, Objekte zu verfolgen und ihnen nachzulaufen.[46] Diese Anlage könnte später durch Erfahrungen überschrieben werden, sodass auch Mädchen und Frauen große Bewegungsfreude entwickeln können.[47] Beim Start ins Leben aber – so führt die Hirnforscherin aus – ist in den kleinen Männern der größere Bewegungsdrang angelegt.

Auch der Schweizer Kinderarzt und Entwicklungsforscher Remo Largo weist darauf hin, dass „Jungen [...] als Gruppe bewegungsaktiver sind als Mädchen. Was aber nicht heißt, dass es nicht auch Mädchen gibt, die sehr aktiv sind, und Jungen, die sich wenig bewegen."[48]

Dass Jungen mehr rennen, raufen, springen und klettern wollen, ist folglich keine eiserne Regel, aber eine starke Tendenz. Diese dokumentiert Largo in einer Grafik. In ihr sind die Häufigkeit von Arm- und Beinbewegungen von Mädchen und Jungen zwischen einem und 15 Jahren dargestellt, die für eine Studie mit einem Aktometer, einem Gerät zum Erfassen von Bewegungen, aufgezeichnet wurden. Durchgängig wurde bei den Jungen mehr Aktivität der Arme und Beine gemessen als bei den Mädchen.[49]

Wer weiterhin dem Glauben anhängt, es gäbe keine Unterschiede im Bewegungsdrang von Jungen und Mädchen, kommt leicht zu dem Schluss, ein unruhiger Junge habe ADHS (Aufmerksamkeitsdefizit-Hyperaktivitätsstörung). So verwundert es nicht, dass nach den meisten Studien ADHS zwei- bis viermal häufiger bei Jungen diagnostiziert wird als bei Mädchen. Zumindest werden Jungen „deutlich häufiger als Mädchen zur Diagnose und Therapie vorgestellt".[50] Auf einmal sind sie krank und behandlungsbedürftig, obwohl die meisten in Wahrheit darunter leiden,

ihren natürlichen Bewegungsdrang nicht ausleben zu können. Kinder im Kita- und Grundschulalter müssen sich täglich stundenlang bewegen können. Für Mädchen gilt das
auch. Für Jungen aber noch mehr.

Die Liebe zu Rangordnungen:
Jungen denken eher in Rangordnungen als Mädchen. In
einer Gruppe gleichaltriger Geschlechtsgenossen im Kindergarten und in der Schule ist es ihnen wichtig, an welcher
Position sie sich einordnen können. In den ersten Jahren
zählt für sie deutlich mehr, was die anderen Jungen, als was
die Mädchen von ihnen denken. Jungen achten sehr darauf,
wer in ihrer „Peergroup" der Boss ist. Sie streben entweder
an, selbst der Boss zu werden, oder, zumindest mit dem
Boss befreundet zu sein. Das zeigt sich auch darin, dass Jungen Spiele bevorzugen, in denen es um einen Wettbewerb
geht, während Mädchen eher zu kooperativen Spielen neigen.[51] Befeuert von ihrem großen Bewegungsdrang tragen
Jungen ihre Kämpfe um einen hohen Rang gerne körperlich
aus. Remo Largo, der Schweizer Entwicklungsforscher, beklagt, dass Jungen deshalb schnell unter Druck geraten,
weil jedwede körperliche Aggression gesellschaftlich abge-
lehnt wird. „Doch Jungen haben nun einmal das Bedürfnis,
miteinander zu kämpfen und sich bezüglich Kraft und mo-
torischer Geschicklichkeit zu messen. Wir berücksichtigen
zu wenig, welche Bedeutung körperliche Auseinandersetzungen für den Sozialisierungsprozess beim männlichen
Geschlecht haben."[52]

Ein Beispiel:
Es ist drei Jahre her, dass unsere Familie für einige Monate
ein Pflegekind betreut hat. Das Mädchen sollte die Vorschule
um die Ecke besuchen. Damit sie sich eingewöhnen konnte,

verbrachte ich einige Stunden mit ihr im Gruppenraum und auf dem Schulhof. Was mich dabei sehr irritierte, war der Umgang mit Konflikten speziell zwischen den Jungs.

In der Pause hatte es Rangeleien um Sammelbilder gegeben, es war zu Geschubse und Kämpfen gekommen. Und nun saß die ganze Gruppe im Stuhlkreis und die Konflikte wurden besprochen. Jasper sollte schildern, was passiert war. Dann Simon. Fritz war auch verwickelt. Ein Wort gab das andere. Jeder durfte seine Sicht schildern. Die anderen 20 Kinder wanden sich auf den Stühlen. Sie waren ja nicht betroffen, aber sie sollten wohl etwas lernen.

Schließlich drängten die beiden Erzieherinnen die Jungs zu Entschuldigungen. Tatsächlich wurden kleine schmutzige Hände gereicht und zaghaft ein paar kaum verständliche Worte herausgepresst. Allgemein herrschte eine gewisse Zerknirschtheit.

Dann sprang eine der Erzieherinnen auf und fragte in die Runde: „Wer hätte sich in diesem Konflikt denn noch anders verhalten können?" Keiner kam drauf. Schließlich die Auflösung: „Ben!" Denn der hätte nichts unternommen, um seinem Freund Simon zu helfen. Und wer tatenlos zusehe – so die Moral dieser Stuhlrunde –, der mache sich mitschuldig. „Hilfe!", dachte ich, „das kann vielleicht Thema sein ab der dritten Klasse oder später im Konfirmationsunterricht, aber in der Vorschule?"

Als auch Ben zerknirscht war, weil er es mit fünf Jahren noch nicht zum Widerstandskämpfer gebracht hatte, schloss die andere Erzieherin die Lektion in Sachen Sozialverhalten mit den Worten ab, dass sie die Eltern informieren und das aggressive Verhalten einiger Jungs zum Thema des nächsten Elternabends machen würde.

Jetzt hätte ich die Erzieherinnen schubsen und hauen können. Solche völlig normalen Konflikte zu begleiten und die Kinder dabei zu unterstützen, sie zu lösen, ist doch ihr Kerngeschäft. Muss man es gleich zum Thema eines Elternabends machen und damit den Druck für alle Beteiligten erhöhen? Was müssen die betroffenen Eltern jetzt denken? „Unser Sohn ist gewalttätig." – „Der läuft uns aus dem Ruder!" – „Als Jugendlicher wird er wahrscheinlich verhaltensauffällig, Drogen nehmen, Schutzgelder erpressen ..." Schlimmstes Kopfkino.

Das hat gerne zur Folge, dass die Eltern beginnen, ihrem Kind zu misstrauen, streng zu werden, mehr zu schimpfen, vielleicht sogar zu strafen. Mama und Papa sagen sich: „Wenn schon die Erzieherin sagt, dass unser Simon/ Fritz/Jasper aggressiv ist, dann müssen wir hier zu Hause wohl mal andere Saiten aufziehen."

Das Beispiel zeigt, was passiert, wenn ein typisches Jungsverhalten wie „meine Welt als Rangordnung sortieren" nicht verstanden und als böse bewertet wird. Die kleinen Männer fühlen sich nicht gesehen, werden noch bockiger und aggressiver.

Dampf ablassen:
Diese Einsortierung (Wer rennt am schnellsten? Wer trägt die coolste Hose? Wer hat die meisten Sammelkarten? ...) ist anstrengend. Deshalb müssen Jungs Dampf ablassen. Deshalb haben sie so große Freude an Ausdrücken, die nicht umsonst „Kraftausdrücke" genannt werden. Deshalb lieben sie Wettfurzen und das Spiel „Wer rülpst am lautesten?". Eltern, die wissen, dass das eine Phase ist, können entspannter damit umgehen, und es wird schneller wieder aufhören.

Grandiositätsstreben:
Weil es diese Rangordnungen in seinem Kopf gibt, prahlt ein Junge gerne.[53] Wenn er auf dem Schulhof nicht genug

Tore geschossen hat oder die coole Hose gerade in der Wäsche war, muss die Fantasie herhalten, um die Kumpels zu beeindrucken. Plötzlich ist Papa (ohne, dass er es weiß) kurz davor, einen Porsche zu kaufen, oder Papa hat angeblich auf dem Flughafen den Torwart von Schalke getroffen. Schon mehrfach hatte ich besorgte Mütter im Coaching, die sicher waren, ihre Söhne entwickelten sich zu den größten Lügnern und Betrügern aller Zeiten. Dabei gibt es auch für dieses Verhalten ein Zeitfenster. Es hilft, gemeinsam ein Gebiet zu finden, auf dem der Junge brillieren kann. Und es hilft nicht, ihm zu sagen: Das hätte er doch gar nicht nötig, er solle darüberstehen oder doch lieber mit dem Nachbarmädchen spielen.

Der starke Reiz von Computerspielen:
Der Drang, sich in Rangordnungen einzusortieren, erklärt auch, warum Computerspiele später einen so starken Reiz auf Jungen ausüben. Laut LBS-Kinderbarometer von 2016 nennen Mädchen zwischen neun und 14 Jahren in Deutschland „Freunde treffen" (Platz 1) und „Reiten" (Platz 2) als liebste Freizeitbeschäftigung.[54] Bei den Jungs gewinnen „Fußball" und „Zocken". Mit „Zocken" sind Computerspiele gemeint, eine Beschäftigung, die es bei den Mädchen nicht mal unter die ersten zehn Nennungen schafft. Bei den Spielen am Rechner geht es immer darum, ein höheres Level zu erreichen. Die Vergabe der Punkte ist objektiv. Das mögen Jungs, da feuern ihre Gehirnzellen das Belohnungs- und Glückshormon Dopamin. Auf den Rechner ist Verlass. Wer sich anstrengt, gewinnt das Rennen. Messbar, sicher und ohne „Gelaber". Anders als im „weiblichen Biotop Schule", wo Frau Meier mehr mündliche Beteiligung wünscht, Frau Müller Abstriche im Zeugnis macht wegen angeblich „schlechten sozialen Verhaltens" und die junge

Referendarin mäkelt, dass über den Rand geschmiert wurde.

Interesse für Sachthemen und Sammlungen:
Jungen sind eher objektbezogen. Häufig gibt es Phasen, in denen sie sich sehr stark für ein Themenfeld interessieren und quasi alles andere ausblenden. Bei Kronprinz gab es eine Lego-Truck-Phase, eine Flugzeugphase, eine Traumhaus-mit-Tiefgarage-Phase, eine „Minecraft"-Phase, eine Film-dreh-Phase ... Wenn mir ein Junge seine Sammlung mit den selbstgebastelten Fliegern zeigt, ist das ein Beziehungsange-bot. Nie zeigt er mehr Vertrauen, nie gibt es mehr Nähe und eine größere Chance, dass ich erfahre, was in seiner Seele brennt, wenn wir zusammen mitten in seiner Sammlung von Autos, Bierdeckeln oder Dinosauriern sitzen. Dagegen funktioniert es nicht (oder höchstens unter Qualen für alle Beteiligten), wenn ich meinen kleinen oder halbwüchsigen Sohn zwinge, sich mir gegenüber hinzusetzen, mir in die Augen zu schauen, und ihm sage: „Bitte sage mir, was du fühlst!" Nicht machen!

Die sieben wichtigsten Punkte zum Thema „Soll man Mädchen und Jungen gleichbehandeln?":

1 **Gleiche Würde, gleiche Rechte, gleiche Möglichkeiten.** Das gilt unbedingt für Mädchen und für Jungen.

2 Gleichzeitig die **Unterschiede zwischen den Geschlechtern anerkennen.** Wer sie leugnet, wird dem einzelnen Kind nicht gerecht.

3 **Tendenziell größerer Bewegungsdrang bei Jungen.** Alle Kinder im Vor- und Grundschulalter brauchen viel körperliche Aktivität. Bei kleinen Männern ist dieser Drang noch ausgeprägter als bei den Mädchen.

4 **Raufen ist wichtig für die Sozialisierung** des männ-

lichen Geschlechts. Es nicht unterbinden, sondern Regeln dafür aufstellen und in Mannschaftssportarten Raum für dieses Bedürfnis bieten.

5 **Grandiositätsstreben, Bildung von Rangordnungen und Dampfablassen** geben Jungen in Kita und Grundschule Sicherheit. Sie dabei begleiten, nicht dafür entwerten!

6 **Computerspiele reizen Jungen wegen ihrer klaren Aufstiegsmöglichkeiten** von Level zu Level. In Maßen erlaubt, können ältere Schüler (3./4. Klasse) sich hier von der eher weiblich geprägten Grundschulwelt erholen.

7 **Interesse für Sachthemen und Sammelleidenschaft.** Zu einem Jungen können Eltern meistens leichter Nähe aufbauen, wenn sie sich für seine Sammelkarten interessieren oder sich vom neuen Airbustyp erzählen lassen.

Hier noch ein paar Ideen, die für mehr Ausgeglichenheit von kleinen Männern sorgen können:

- einen Baumstamm auf den Balkon, die Terrasse oder in den Garten legen und Nägel einschlagen lassen
- Urlaube dort verbringen, wo Kinder ohne ständige Aufsicht durch die Natur stromern können: Campingplatz, Bauernhof, autofreie Inseln ...
- in der Wohnung eine Ecke oder einen Raum so einrichten, dass dort getobt werden darf: alte Matratzen, Kissen, Decken, Schaumstoffbälle, Boxsack (aber bitte keiner, der an einer Feder zurückschwingt, denn die können die Aggressivität erhöhen) ...
- Kletterbaum im Garten
- Hängematte (Wie beruhigend das Schaukeln in einer Hängematte sein kann, beschreibt der Lehrer und Sach-

buchautor Frank Beuster aus seiner Beratungsarbeit an einer Brennpunktschule: „Eine quer durch den Raum gespannte riesige Hängematte hatte die größte Anziehungskraft auf meine Dauer-‚Klienten‘, die Jungen. Die oft aufgedrehten und hyperaktiven wilden Kerle brauchten dringend etwas, um wieder zur Ruhe zu kommen. Auf vielfachen Wunsch schaukelte ich sie, eingekuschelt in Decken und Kissen, in der Hängematte. Auffallend war, wie beruhigend das Schaukeln auf die Jungen wirkte, was an das Hin- und Herwiegen eines Kleinkindes erinnerte."[55]

Wie bringe ich Kinder dazu,
im Haushalt zu helfen?

Mein Mann und ich sind in einer sehr ähnlichen Familien-
konstellation aufgewachsen. In unserer Kindheit, die knapp
500 Kilometer voneinander entfernt stattfand, gab es jeweils eine verwitwete Oma und ihre zwei unverheirateten
Schwestern mütterlicherseits. Diese alten Damen haben auf
eine unaufgeregte Art und Weise eine große Rolle in unserem Leben gespielt. Sie waren einfach da und haben irgendetwas gearbeitet.

Bei mir war es besonders meine Großtante Franziska.
Als meine Mutter Kind und sie ihre Tante war, konnte sie
wohl zu kleinen Menschen recht schroff sein. Sie schenkte
an Weihnachten bloß Unterhemden, die kratzten, und als
sie ein paar Jahre später die ersten Großnichten und -neffen
im Kinderwagen durch die Gegend schob, war ihr Fahrstil
berüchtigt. Die Babys wurden querfeldein geschaukelt und
geschüttelt, kein Bordstein war zu hoch, um ihn nicht fron-
tal mit Schwung zu nehmen. Wir haben es alle überlebt.
Und da Tante Franziska fast 95 Jahre alt wurde, hatten wir
das Glück, über Jahre zu erfahren, was es bedeutet, wenn
jemand altersmilde wird.

Sie kam jeden Donnerstag zu uns und half meiner Mutter im Haushalt. Wenn ich mittags aus der Schule kam, war
sie schon da. Es roch nach heißer Baumwolle und Bügeleisen und auf der Anrichte in der Küche lag diese vergilbte

beige Decke, auf der sie Wäsche zusammenlegte und bügelte. Sie war niemand, der mit einem kuschelte. Ich bezweifele, dass sie das Wort überhaupt kannte. Aber irgendwie hatten wir bei ihr alle einen Stein im Brett. Das war zu spüren. Und ihr Stein wird immer bei mir im Brett sein. Ich benannte meine liebste Puppe nach ihr und unsere Tochter trägt ihren Namen als zweiten Vornamen.

Ich kann mich nicht erinnern, dass sie je mit mir auf einem Spielplatz gewesen war, geschweige denn in Disneyland. Das einzige Mal, dass sie ihre Heimat verließ, war, als sie mit der örtlichen „Pax Christi"-Gruppe den Papst in Rom besuchte. Und dann war sie – Gott sei Dank – wieder da und machte selbst Leberwurst und Sülze und bügelte. Ich war für die Taschentücher zuständig. Mit ihren schwieligen Händen zeigte sie mir, wie man die Tücher glattstrich, dann erst die Kanten entlangfuhr und zum Schluss das Eisen über das ganze Tuch gleiten ließ. Wenn der Korb mit der geplätteten Wäsche voll war und sich oben die Päckchen mit den Taschentüchern stapelten, die zusammengelegt mit der Restwärme des Eisens noch einen ordentlichen Kniff bekamen, spielten wir beide am Küchentisch eine Partie „Halma". Das war der Abschluss. Dann ging sie wieder.

Als mein Mann ein Junge war, haben seine alten Tanten – meines Wissens – nicht mit ihm gespielt. Aber sie brachten „Hohes C", wenn er krank war und in der Stube fiebrig auf dem Sofa lag. Noch lieber ist ihm aber die Erinnerung an gesunde Tage, wenn er mit Mama, Oma und den Tanten um den Küchentisch saß und sie getrocknete Bohnen sortierten.

Dabei sein, wenn die Erwachsenen etwas arbeiten. Sich zugehörig fühlen als Kind, und schon einen Beitrag leisten dürfen – das ist ein ganz wichtiges Bedürfnis von Kindern, ein Bedürfnis, das heute oft zu kurz kommt.

Von dem norwegischen Psychologen Magne Raundalen stammt das sprachliche Bild, dass Eltern zur „Bedienung im Lustcafé der Kinder" geworden sind. Gemeint ist damit, dass wir Erwachsenen glauben, wir müssten für ein unglaublich spaßiges und buntes Erlebnis sorgen, wenn wir endlich Zeit für unsere Kinder haben. Wir müssten zum Ponyreiten, in den höchsten Kletterpark, auf den größten Weihnachtsmarkt oder zum fünften Mal „Mensch-ärgere-dich-nicht" spielen, obwohl wir beim zweiten Mal schon keine Lust mehr hatten.

Wenn ich mir überlege, was mir damals mit meiner Tante Franziska so wohlgetan hat und woran ich mich Jahrzehnte später noch gerne erinnere, dann erfüllt das folgende Kriterien:

- Ein vertrauter Erwachsener war einfach da.
- Es war ein Ritual; sie kam immer donnerstags.
- Ich wurde nicht weggescheucht oder in eine Betreuung gesteckt, sondern meine Tante genoss es spürbar, dass ich da war; und entsprechend genoss ich unser Zusammensein.
- Sie ließ mich beiläufig mitarbeiten, zeigte mir kleine Handgriffe und ließ mich dann alleine machen (ich glaube, es gab ein kleines elektrisches Bügeleisen nur für mich).
- Sie verlor ihre Arbeit darüber nicht aus den Augen; sie machte mich nicht zu ihrem pädagogischen Projekt, nach dem Motto: „Bis heute Abend muss das Kind gelernt haben, wie man eine Bluse bügelt."
- Wir arbeiteten einfach zusammen vor uns hin.

Ich hätte vielleicht auch Lust gehabt, zum Ponyreiten zu gehen, aber statt eine kurzfristige Lust zu befriedigen, wurde ein tiefergehendes Bedürfnis gestillt, das Bedürfnis, als Kind einen Beitrag für die Erwachsenen zu leisten und sich zu einer Familie zugehörig zu fühlen. Und meine Tante tat einfach ihre Arbeit. Wenn sie ihre Zeit „geopfert" hätte, um mich bei Laune zu halten und etwas mit mir zu spielen, hätte sie Geduld gebraucht, wäre vielleicht nicht ganz bei der Sache gewesen, weil sie immer daran hätte denken müssen, was noch alles zu tun war. Darüber wäre ich nörgelig geworden und sie auch. Es hätte geendet, wie es gerne endet, wenn Erwachsene extra etwas für Kinder machen, irgendetwas schiefgeht und alle nur noch genervt sind. Es galt: „Erst die Arbeit, dann das Vergnügen (Halma)!", wobei für mich schon das Bügeln ein Vergnügen darstellte und die eine Partie „Halma" das Sahnehäubchen.

Auch Jesper Juul weist darauf hin, wie wertvoll es ist, Kinder in die eigene Arbeit einzubeziehen. „Ich hörte eines Tages in einer Radiosendung, in der der Vater eines vier Jahre alten Jungen berichtete, es sei für den Sohn besser, wenn der Kleine im Winter in den Kindergarten käme, weil er selbst im Haus einige Zimmer neu streichen wolle. [...] Er war leider vollkommen im Irrtum! Für einen Knirps von vier Jahren gibt es nichts Besseres, als dabei zu sein, wenn sein Vater das Haus streicht, das Auto wäscht oder den Garten umgräbt. Nur gemeinsam mit den Eltern haben Kinder die Möglichkeit, Erwachsene zu erleben, wie sie Dinge unter Erwachsenenbedingungen erledigen. [...] Die Kinder lernen in Kindergärten, Kinder zu sein. Aber nur zu Hause können sie lernen, was es bedeutet, erwachsen zu sein."[56]

Was kann man tun, wenn man keine Großtante Franziska hat?

**Die sieben wichtigsten Punkte zum Thema
„Wie bringe ich Kinder dazu, im Haushalt
zu helfen?":**

1   Ein Großteil des Kinderspiels besteht aus **Nachahmung und Erprobung erwachsenen Verhaltens**. Wenn wir unsere Kinder überwiegend in „Kinderreservaten" (Kitas, Schule, Kinderbetreuung in Hotels ...) halten, statt mit uns zusammen etwas zu arbeiten, nehmen wir ihnen wichtige Möglichkeiten zur Weiterentwicklung.

2   **Keine aufwändigen Kinderbespaßungs-Unternehmungen,** einfach zusammen etwas tun, was sowieso getan werden muss.

3   **Sich nicht zu viel vornehmen**, sondern mit Zeit und Muße zusammen etwas arbeiten. Mit Kindern ist das Werkeln eher prozess- als ergebnisorientiert.

4   **Es von Anfang an tun.** Wenn Kinder von klein auf daran gewöhnt sind, entstehen **Rituale** und alle profitieren später sehr davon (steigender Selbstwert des Kindes, Unterstützung für die Erwachsenen, Geschicklichkeit im Umgang mit Messern, Schere, Feuer ...).

5   **Sich vom Perfektionismus verabschieden.** Anfangs wird einiges kaputt- und daneben gehen, aber das ist es wert.

6   Mal den einen oder anderen Handgriff zeigen, aber **nicht die ganze Zeit belehren!** Durch Nachahmen, Ausprobieren und Üben lernen Kinder von selbst.

7   **Gemeinsames Kochen oder Backen ist ideal**. Schüssel mit Rohkost bereitstellen, falls der Hunger zwischendurch zu groß wird, und einen Tritthocker in der Küche schnell griffbereit haben, damit auch Kleine helfen können.

Bei uns waren die Kinder es von klein auf gewöhnt, dass wir zusammen samstags auf den Wochenmarkt gingen und heute noch gehen, um für das Wochenende Obst und Gemüse einzukaufen. Als sie Teenager wurden, war es natürlich freiwillig, und sie sind lange Zeit nicht mitgekommen. Aber das Schöne ist: Wenn Kronprinz jetzt alle paar Wochenenden vom Studium nach Hause kommt, ist er derjenige, der darauf besteht, dass wir zusammen auf den Markt gehen.

Durch eine neue Einstellung mehr Nähe zum Kind – wie geht das?

Es war meine neue innere Einstellung, die nach meiner Teilnahme an dem vorher im Buch erwähnten Coaching-Seminar in unserer Familie die Wende brachte: Ich hatte den Glauben an mich selbst wiedergefunden, verurteilte mich nicht mehr dafür, zeitweise nicht berufstätig zu sein, hatte neues Vertrauen in meine Partnerschaft gefasst und hörte endgültig auf, unsere Kinder, besonders Kronprinz, als schwierig einzustufen. Was vorher unlösbar schwer erschien, war plötzlich leicht. Ich sehe mich noch mit meinen beiden Kindern durch die Küche tanzen, auf der Reise zu den Großeltern auf einem Rastplatz ausgelassen hinter ihnen herjagen, erschöpft und glücklich mit ihnen im Gras liegen und so viele gekrakelte kleine Liebesbriefe lesen wie nie zuvor.

Ich bin zutiefst dankbar, dass ich – bevor die Kindheit der Thronfolger vorbei war – den Schalter im Kopf umlegen konnte. Sie waren damals neun und sechs Jahre alt. Mir war klar geworden: Meine Haltung zu mir, zum Partner, zu den Kindern und zum Leben überhaupt ist entscheidend. Meine tiefsten Überzeugungen, meine wie in Stein gemeißelten Glaubenssätze erschaffen meine Welt. Als „self-fulfilling prophecy" ist ein ähnliches Phänomen bekannt: die sich selbsterfüllende Erwartung.

Einige Beispiele:

- Wenn ich überzeugt bin, dass die Lehrerin meiner kleinen Tochter unfähig ist, sammelt mein Verstand eifrig Beweise für ihre Inkompetenz. „Von neuen Methoden hat sie keine Ahnung. Die Kinder mussten ein Diktat schreiben. Das ist ja nicht gerade fortschrittlich!" – „Sie hat mich auf dem Schulhof nicht gegrüßt. Typisch! Sie ist einfach nicht empathisch." Wir Menschen sind gerne im Recht. Das gibt uns ein Gefühl der Sicherheit. Meine Offenheit aber, die Pädagogin in nächster Zeit noch einmal anders wahrzunehmen, ist dahin.

- Wenn ich abgespeichert habe, dass Männer auf eine bestimmte Weise zu sein haben, weil mein geliebter Vater so ist, werde ich irgendwann Schwierigkeiten mit meinem Mann bekommen. Denn er möchte als der Mensch wahrgenommen werden, der er ist – weder als Kopie von meinem Vater noch als sein Gegenentwurf.

- Wenn ich überzeugt bin, ich sei als Mutter unzulänglich, wird meine kleine Welt mir den Gefallen tun, mich darin zu bestätigen. Ich nehme nur noch wahr, was alles schiefläuft, was die Freundin mit ihren Vorzeige-Blagen besser macht, wie unfähig ich bin, mit zwei Kindern zurechtzukommen, während die Nachbarin eine dreiköpfige Brut plus Berufstätigkeit meistert. Auf diese Weise tief verunsichert, trete ich meinen Kindern saft- und kraftlos gegenüber. Wir schlingern erschöpft durch unseren Alltag, und meine Überzeugung, ich sei als Mama unfähig, wird zum vernichtenden Mantra meiner Familienarbeit.

„Menschen sind lieber im Recht und unglücklich als im Unrecht und glücklich."[57] Dieser Satz aus dem Coaching-Seminar hat mir die Augen geöffnet. Wir haben unsere von klein auf eingenommenen Standpunkte. Auf denen haben wir uns eingerichtet, dort fühlen wir uns sicher. Wenn wir nur alles richtig und es möglichst vielen Menschen recht machen, so denken wir, laufen wir irgendwann über eine Ziellinie, hinter der das Glück auf uns wartet. Nur ganz ehrlich: Irgendwer scheint diese Linie immer weiter nach hinten zu schieben. Irgendwie kommen wir nie dort an.

Alles richtig machen und perfektionistisch werden, Recht haben und auf irgendwelche Prinzipien beharren, allen zur Verfügung stehen und meine eigenen Bedürfnisse ignorieren – für mein ersehntes Familienglück hat das nicht funktioniert.

Im Kapitel „Warum das Kind glücklich ist, wenn wir es auch sind!" hatte ich beschrieben, dass ich damals während meiner kleinen Auszeit meine wenig hilfreichen Standpunkte erkannt habe und zunehmend neue einnehmen konnte. Ging es dort besonders um Erfahrungen, die *mich* steuerten, fiel mir auf, dass ich auch über unsere Kinder Meinungen gebildet hatte. Und zwar solche, die sie hindern würden, im Leben wirklich auszuschwingen. „Kronprinz ist hochkreativ, aber immer so anstrengend ... Er kann sich nicht konzentrieren. Nie bei einer Sache bleiben ..." – „Prinzessin ist einfach nur süß. Sie ist wunderbar pflegeleicht und verhält sich sozialer als ihr Bruder."

Wie erschreckend! Wie viele Schubladen hatte ich über wenige Jahre in meinem Kopf eingerichtet?! Ein paar Vorurteile über die Grundschullehrerin zu pflegen, ist die eine Sache. Ich will ja keine Heilige werden. Eine ganz andere ist es, meine eigenen Kinder auf Rollen festzulegen.

Wie er in seiner Beratung mit Einstellungsänderungen arbeitet, beschreibt der Hamburger Kinder- und Jugendpsychiater Michael Schulte-Markwort: „[...] [Es] bewahrheitet sich die Hypothese von den unausgesprochenen, aber trotzdem wirksamen Beziehungswahrheiten dann, wenn ich einem Elternpaar mit einem schwierigen Kind rate, einen Haltungswechsel dem Kind gegenüber zu vollziehen. Solche Eltern berichten mir dann beim Folgetermin erstaunt, dass sie gar nicht mit ihrem Kind darüber gesprochen und sie sich nur beide intensiv um einen inneren Haltungswechsel bemüht hätten – und sie doch bei ihrem Kind in der Folge eine signifikante Verhaltensänderung wahrgenommen haben."[58]

Wie aber schafft man es, seine liebgewonnenen Haltungen zu verändern?

Dafür möchte ich euch Byron Katies Methode zur Gedankenüberprüfung vorstellen. In einer schweren Lebenskrise entwickelte die Amerikanerin, die zuvor als Immobilienmaklerin tätig war, aber mit der Zeit so depressiv wurde, dass sie ihr Bett kaum noch verließ, eine simple Methode. Sie entdeckte, dass nicht das Leben oder irgendwelche schwierigen Umstände sie krank machten, sondern ihre eigenen Gedanken. Daraufhin schuf sie die Vier-Fragen-Methode[59], mit der sich Hirngespinste bestens hinterfragen und verscheuchen lassen.

Wenn ich einen wiederkehrenden Gedanken habe, den ich gerne verändern würde, hat es sich für mich bewährt, ihn nach Byron Katie mit folgenden Fragen zu überprüfen:

1. Ist das wahr?
2. Kann ich absolut sicher wissen, dass das wahr ist?
3. Wie reagiere ich auf diesen Gedanken?
4. Wer wäre ich ohne diesen Gedanken?

Am Ende überprüfe ich, ob vielleicht das Gegenteil von dem, was ich die ganze Zeit gedacht habe, stimmen könnte.

In meiner Coaching-Praxis erlebe ich Beispiele wie das von meiner Klientin Bettina und ihrem Sohn John, deren Namen ich geändert habe, um es hier beschreiben zu können. Die beiden geraten regelmäßig in Streit, wenn es um die Schulaufgaben geht. An dem Gespräch mit Bettina möchte ich deutlich machen, wie nachhaltig die Frage-Methode die Situation verändern kann:

Bettina: „Mein Sohn, 13 Jahre alt, ist weder ausdauernd noch zielstrebig. Er hat einfach nicht genug Willenskraft. Er könnte in der Schule viel mehr erreichen, aber er lernt zu wenig und zieht seine Sachen nicht durch."

1. Frage: „Ist das wahr? Spiel mal alle Situationen mit deinem Sohn vor deinem inneren Auge durch, schau dir euren Alltag genau an. Ist deine Behauptung ,John ist weder ausdauernd noch zielstrebig.' wahr?"

Bettina: „Ja, das ist wahr. Ich sage ihm häufig, wenn er ein wenig mehr für die Klassenarbeit lernen würde, könnte er richtig gute Noten erreichen. Aber er will es einfach nicht. Er hat keinen Ehrgeiz. Als er noch ganz klein war, hat sogar die Kinderärztin erkannt, dass er einen schwachen Antrieb hat und es mal schwer haben wird."

2. Frage: „Kannst du mit absoluter Sicherheit wissen, dass das wahr ist?"

Bettina (denkt länger nach): „Na ja, eigentlich bezieht sich das nur auf Sachen, die ihn nicht interessieren. Wenn etwas seine Leidenschaft kitzelt, hat er plötzlich ganz viel Energie. Zum Beispiel, wenn bei uns im Haushalt neue Informationstechnologie angeschlossen werden soll, dann fuchst er sich da rein, befasst sich ausdauernd damit und tüftelt so lange, bis er alles perfekt eingerichtet hat. Ja, stimmt. Wenn ich so darüber nachdenke, ist er auf manchen Gebieten sogar sehr zielstrebig. Ich mache mir nur Sorgen, dass er bei den Dingen, die wichtig sind im Leben, den Anschluss verliert und zum Beispiel wichtigen Schulstoff nicht aufholen kann."

Uta: „Dass John als Mensch grundsätzlich die Charaktereigenschaft hat, weder ausdauernd noch zielstrebig zu sein, stimmt also nicht?"

Bettina: „Nein, das ist nicht wahr."

3. *Frage:* „Wie reagierst du, was passiert, wenn du diesen Gedanken glaubst? Wie verhältst du dich gegenüber John, wenn du im Kopf den Gedanken hast ‚Die Kinderärztin hat Recht. Mein Sohn ist weder ausdauernd noch zielstrebig.'?"

Bettina: „Meine Güte! Das sehe ich jetzt. Wenn ich ihm helfe, für eine Klassenarbeit zu lernen, bin ich von Anfang an nervös und genervt, weil ich mir innerlich sage, dass es doch nichts werden kann, weil er einfach keinen Biss hat, um gute Noten zu erreichen. Ich bin dann sehr ungeduldig. Und er ist auch genervt. Es endet immer im Streit."

Uta: „Der Gedanke in deinem Kopf vermiest also die Stimmung und blockiert das Lernen mehr, als dass es ihm nützt. Zudem haben wir auch noch festgestellt, dass der Gedanke gar nicht wahr ist. Das machen wir alle. Wir entwickeln unbewusst Überzeugungen und Gedanken und halten verbissen an ihnen fest, obwohl sie weder stimmen noch uns nützen. Im Gegenteil. Sie schaden uns häufig massiv."

Bettina: „Verstehe. Diesen Gedanken zu haben, hat mich also eher blockiert, als dass er uns weitergeholfen hätte."

4. *Frage:* „Wer wärst du ohne den Gedanken?"

Bettina: „Oh, ich würde mich befreit fühlen. Das tue ich jetzt schon. Mir ist klar geworden, dass es sich nicht um eine grundlegende Charaktereigenschaft handelt, sondern dass John genug Energie und Ausdauer entwickeln wird, wenn es darauf ankommt. Ich sehe auch, dass seine Motivation viel größer ist, wenn ich mich nicht einmische und ihn antreibe wie bei den Computeranschlüssen, von denen ich keine Ahnung habe. Ohne diese Sorge um John würde ich aufhören, ständig nach Beweisen dafür zu suchen, wie antriebsarm er ist. Wir wissen ja – sie lacht – ‚wenn ich einen Hammer in der Hand halte, ist die Welt plötzlich voller Nägel'. Vielleicht probiere ich es mal aus, ihn ganz allein für die nächste Arbeit lernen zu lassen.

Uta: „Du kannst ihm ja deine Unterstützung anbieten und fragen, welche Art der Hilfe er sich von dir wünscht."

Bettina: „Ja, das könnte ich mal versuchen. Auf jeden Fall werde ich aufhören, ihm so im Nacken zu sitzen. Wenn ich ehrlich bin, hat das ja – außer Streit – sowieso nichts gebracht."

Nachdem wir den belastenden Gedanken mit den vier Fragen geprüft haben, folgt nach Byron Katies Methode die Umkehrung. „‚Mein Sohn ist ausdauernd und zielstrebig.' Könnte das genauso wahr sein?"

Bettina strahlt: „Auf jeden Fall!"

Bitte liebe Kinderärzte, Erzieherinnen, Lehrerinnen und Therapeuten, macht euch bewusst, wie sehr sich Eltern zu Herzen nehmen, was ihr über ihr Kind sagt! „Er ist antriebsarm. Er wird es mal schwer haben." Bettina war sich gar nicht im Klaren darüber, wie nachhaltig diese Sätze ihr Bild von ihrem Sohn geprägt hatten. Sie waren im Hintergrund immer präsent und legten sich wie ein Grauschleier über dieses Bild. Ist es nicht unglaublich, wie ein Satz, wahrscheinlich bei einer der U-Untersuchungen des Kleinkindes achtlos dahingesagt, Jahre später noch großen Einfluss hat? Ist es nicht erschütternd, wie ein geglaubter und gefestigter Gedanke die Beziehung von Mutter und Sohn überschattete und nicht nur die Lernmotivation, sondern den ganzen John niederdrückte?

Die Bedeutung der inneren Haltung unterschätzen wir Eltern leicht. „Das soll eine Rolle spielen?" Leute, die ich coache, heben an dieser Stelle gerne zweifelnd eine Augenbraue. Statt in ihrem Innern, suchen sie lieber im Außen nach konkreten Erziehungstipps: „Was kann ich in dieser Situation sagen, was in jener tun?"

In meinen Coaching-Gesprächen lasse ich mich hin und wieder zu solchen Tipps hinreißen. Die Versuchung ist einfach zu groß, den Menschen etwas Konkretes an die Hand zu geben. Fast immer müssen wir tiefergehen und unsere Haltungen hinterfragen, um wirklich etwas zu verändern. Welche große Rolle es spielt, wie wir unser Kind sehen, betont auch Beate Krause, Erziehungsberaterin am Jugendamt in Gelsenkirchen. Von Zeit zu Zeit tausche ich mich mit ihr aus, weil sie nach mehr als 30 Jahren Arbeit mit Familien in schwierigsten Situationen einen riesigen Schatz an Erfahrung besitzt und ich es mag, dass sie das Herz auf dem rechten Fleck hat. Wir kamen auf Situationen zu sprechen, in denen besonders Mütter dazu verleitet werden, nur noch um eines ihrer Kinder zu kreisen. „Wenn eines zum Beispiel Neurodermitis hat", warf ich ein, „ist das doch verständlich." Daraufhin Beate: „Man kann mit jedem anderen Thema in diese Situation rutschen. Auch wenn das Kind gar nichts hat." Gerade hätte sie eine Mama in der Beratung gehabt, die davon überzeugt war, ihr mittleres Kind sei benachteiligt, weil es ein Sandwichkind sei. „Da hat der Junge erstmal nix und von heute auf morgen ist er auf einmal benachteiligt." Beate weiter: „Wenn die Haltung nicht stimmt, gibt es genügend Gelegenheiten, das Kind in irgendeine ungute Rollenfestschreibung hineinzufantasieren."

Die sieben wichtigsten Punkte zum Thema „Durch eine neue Einstellung mehr Nähe zum Kind – wie geht das?":

1 Unsere tiefen **Überzeugungen haben mehr Einfluss,** als uns bewusst ist. Sie bilden das Konzept, aus dem wir seit unserer Kindheit eine gewisse Sicherheit ableiten.

2 **Es funktioniert häufig nicht** für die Familie, die wir selbst gegründet haben. Zumal das eigene Konzept sich oft mit dem des Partners reibt.

3 Wir fühlen uns vielleicht einigermaßen **sicher, aber nicht glücklich.**

4 Festgefügte Meinungen **können das Kind niederdrücken** und unsere Beziehung zu ihm überschatten.

5 Allein sich **seiner Gedanken bewusst zu werden** und sich eine neue Sicht auf sich selbst und das eigene Kind anzugewöhnen, kann tiefgreifende Veränderungen auslösen.

6 Übersteigerte Fürsorge für ein Kind kann es in die **Opferrolle** drängen.

7 Die **Vier-Fragen-Methode** von Byron Katie (s. S. 135) ist ein hilfreiches Werkzeug zum Wandel unseres „Mindsets".

Was fördert die Geschwisterliebe – und was nicht?

Streit zwischen Geschwistern ist normal. Jeder muss seinen Platz in der Familie finden. Dazu gehört, dass man seine Position verteidigt und es Reibereien gibt. Geschwisterstreit hat eine lange Tradition. Man denke nur an Kain und Abel. Geschwister buhlen um die Liebe der Menschen, die sie in die Welt gesetzt haben, um das Starterpaket sozusagen. Es ist verständlich, dass das heftige Gefühle erzeugt. Wenn diese nicht aufkommen dürfen, wenn Eltern das deckeln, sucht es sich einen anderen Weg: versteckte Gemeinheiten, Sabotage, Eifersucht, Groll, späte Rache ... manchmal bis über den Tod von Vater und Mutter hinaus.

Häufig zeigen Kinder außerhalb der Familie ein vorbildliches soziales Verhalten, zu Hause aber das Gegenteil. So schrieb mir Blogleserin Carina: „Meine beiden Kinder, sieben und zehn Jahre alt, werden außerhalb der Familie für ihre Hilfsbereitschaft und Freundlichkeit hochgelobt. Aber zu Hause gönnen sie sich gegenseitig nichts, haben immer das Gefühl, selbst benachteiligt zu sein, und von Hilfsbereitschaft und Freundlichkeit füreinander fehlt jede Spur."

Ich habe geantwortet: „Liebe Carina, was du beschreibst, zeigt, dass deine Kinder ihr Zuhause als geschützten Rahmen empfinden. Hier haben auch schlechte Gefühle ihren Platz, ohne dass man schlechte Noten für so-

ziales Verhalten bekommt oder aus der Gruppe aus-
geschlossen wird. Hier darf man sich ausprobieren, auch
mit seinen dunklen Seiten. Zuhause ist ein Testfeld für
Neid, Geiz, Missgunst, Konkurrenzdenken und was es sonst
noch an Regungen in jeder menschlichen Seele gibt. Man
kann sich das klarmachen, die Streithammel grinsend anschauen und sich sagen: ‚Gut, dass ich keine Harmonie-
Schafe habe und sie sich offensichtlich in ihrer Familie
sicher, frei und geborgen fühlen.‘ Dann macht man die Tür
zu, um den ganzen Lärm etwas zu dämpfen, und gönnt sich
eine Tasse Tee.“

Elaine Mazlish und Adele Faber, die beiden amerikanischen Familienberaterinnen, schreiben, dass man sich am
besten mit einem gewissen Maß an Geschwisterstreit ab-
finde. Gerade die Illusion, ihre jeweils drei Kinder könnten
und müssten die besten Freunde sein, hätte am meisten
dazu beigetragen, sie gegeneinander aufzuhetzen. Es gilt
das Paradoxon: Je mehr Eltern um Harmonie kämpfen,
desto mehr Streit bekommen sie. Und je mehr Eltern akzeptieren, dass Geschwister auch hässliche Gefühle füreinander haben, desto mehr Zusammenhalt und Frieden
werden sie erleben.

Drückt innerlich die Stopptaste, wenn ihr ständig das
Gefühl habt, zwischen euren Kindern vermitteln zu müssen. Besonders Mamas sind gerne als Friedensengel unterwegs: Sie schlichten hier, vermitteln dort, beschwichtigen,
trösten, lenken ab … Sicher kennt ihr das Phänomen, dass
man etwas umso stärker macht, je mehr man dagegen angeht. Wenn ich als Mama oder Papa aber akzeptiere, dass es
diese Konflikte gibt, ist viel gewonnen. Ich lasse mich nicht
mehr so stark in ihre Streitigkeiten hineinziehen und gebe
meinen Kindern mehr Verantwortung für ihre Beziehung
zueinander.

Ein gewisses Streitlevel zu akzeptieren und sich nicht für die Auseinandersetzungen der Geschwister instrumentalisieren zu lassen, wäre der erste Schritt zu mehr Frieden in der Familie. Darüber hinaus gilt es, folgende Verstärker von Geschwisterfeindseligkeiten zu vermeiden.

Streitverstärker: Gerechtigkeitswahn

Wenn ihr das Gefühl habt, ihr müsstet für eines eurer Kinder einen Ausgleich schaffen – also ausgleichen, dass das eine Kind Besuch von einem Freund hat, das andere Kind aber nicht, dass das eine Kind Erdbeeren essen darf, das andere Kind aber nicht, weil es eine Allergie hat, dass dem einen Kind die Schule leichtfällt und sich das andere abrackern muss, ihr den Impuls habt, die Waagschalen, die das Leben aus gutem Grund in Schieflage stellt, auszugleichen –, haltet einen Moment inne: Vielleicht kann ein Kind aus einem Nachteil eine Stärke entwickeln, vielleicht entsteht aus der Beobachtung von Bruder und Freund ein eigenes tolles Spiel, vielleicht kommt es ihm im Leben mal sehr zugute, dass es gelernt hat, mit Verzicht zurechtzukommen, vielleicht fällt ihm die Schule schwer, aber es entwickelt zum Ausgleich eine Passion oder wird später Künstler, ein YouTube-Millionär oder der beste Beratungslehrer aller Zeiten.

Macht es also ungefähr gerecht, aber verabschiedet euch von dieser „Es-muss-für-jeden-gleich-sein-Besessenheit", denn damit gewöhnt ihr euren Kindern an, immer darauf zu achten, dass sie auf keinen Fall zu kurz kommen. Eltern, die in dieser Weise das Leitbild „Gerechtigkeit" über ihre Familie hängen, verbreiten – in bester Absicht, aber doch fatal – eine Erbsenzählermentalität unter ihren Nachkommen. „Lina hat aber einen Pommes mehr als ich auf dem Teller." – „Raphael hast du mehr Sätze vorgelesen als mir." –

„Jolene durfte den Knopf von der Garagentor-Automatik drücken, ich nicht."

Ein übersteigertes Gerechtigkeitsbemühen führt dazu, dass Kinder immer danach schielen, was und wie viel der andere hat. Wenn sie bei ihren Eltern erfahren, dass jedes Bonbon und jede Streicheleinheit abgezählt wird, folgern sie: Wenn so darum gerungen wird, dann muss ein Mangel herrschen. Und bei jeder Verteilung fürchten sie eine Benachteiligung, hinter jeder Ecke vermuten sie ein Unrecht.

Verständlicherweise ist es der erste Impuls, für Gleichheit zu sorgen, wenn gemeckert wird. Viel hilfreicher aber ist zu individualisieren.

Beispiel:

Anna (sieben Jahre) brüllt bei Tisch: „David hat viel mehr Nachtisch bekommen als ich!"

Klassische Eltern-Reaktion: „Das stimmt nicht. Ich habe beiden zwei Löffel in die Schüssel gegeben." Es folgt eine nicht enden wollende Rechthaberdebatte über die Größe der Löffel und ihren jeweiligen Füllstand, über andere erlittene Ungerechtigkeiten von David gestern, vorgestern oder an Weihnachten vor zwei Jahren.

Stattdessen könnte man den Bruder aus der Diskussion herausnehmen und sagen: „Möchtest du denn noch mehr Nachtisch, Anna? Dann gebe ich dir gerne welchen." Oder: „Du möchtest noch mehr, Anna? Tut mir leid, ich habe heute nicht mehr gemacht. Aber ich merke mir für morgen, dass du eine größere Portion brauchst." Das ist gemeint mit individualisieren, statt zu vergleichen. Ich achte nicht zwanghaft darauf, dass alle Geschwister das Gleiche bekommen, sondern gebe dem jeweiligen Kind zu verstehen: „Du bist für mich einzigartig. Vergleiche mit Geschwistern bringen uns nicht weiter. Ich achte darauf, dass alle Kinder –

nach meinen Möglichkeiten – bekommen, was sie brauchen. Und das kann für jeden in der jeweiligen Situation etwas anderes sein. Also lassen wir David aus dem Spiel. Ich will jetzt wissen, woran es bei dir fehlt und was ich tun kann."

Streitverstärker: Geschwistervergleich

Geschwister miteinander zu vergleichen, ist für den Konflikt, als würde man Benzin in ein Feuer gießen. Neulich sprach ich mit einer Freundin und verglich dabei meine Kinder. Zum Glück waren die Thronfolger nicht dabei. Und falls ihr beiden dies hier lest: Es gab dabei keinen Gewinner oder Verlierer dieser Gegenüberstellung! Trotzdem dachte ich anschließend im Auto: „Wie komme ich zu dem jeweiligen Bild, das ich von ihnen habe? Stimmen sie überhaupt? Und was lässt mich diese Bilder nebeneinanderstellen?"

Vielleicht gibt uns Eltern das Vergleichen Sicherheit. Natürlich sind wir die Experten für unsere Kinder und kennen sie am besten. Aber wie häufig legen wir sie damit auf ein Verhalten oder auf eine Rolle fest? Und dann gibt es noch das Phänomen, dass Geschwister die Rolle übernehmen, die noch nicht vergeben ist, um in diesem ganzen Spiel gesehen zu werden. Da wird jemand zur Person des Vertrauens, weil der Bruder ein Chaot ist. Da setzt die kleine Schwester der biederen großen Schwester die Femme fatale entgegen. Da glänzt die kleine Streberin neben dem Sitzenbleiber. Da kämpft der eine Bruder um den Zusammenhalt der Familie und der andere verlässt das Zuhause, weil er neben so viel Heiligkeit keinen Platz mehr findet. Da gibt es vermeintliche Opfer und vermeintliche Täter. Gute und Böse. Und jeder sagt sich: „Wenn ihr mich so seht, dann bekommt ihr, was ihr haben wollt."

Deshalb kann es uns alle ein großes Stück voranbringen, wenn wir uns Rollenbilder bewusst machen und hinterfragen. Ist Robert wirklich ein Störenfried? Kann er nicht auch nett sein? Ich will mal darauf achten, wann er sich sozial verhält. Ist Lara wirklich ein scheues Reh? Kann ich sie nicht auch anders sehen? Zwar hat sie Angst vor Referaten, aber niemand tritt so mutig Tieren gegenüber wie sie.

Und ich beiße mir lieber auf die Zunge, als dass ich Sätze sage wie folgende: „Tabea räumt ihr Zimmer immer so schön auf. Warum kannst du das nicht auch, Finn?" – „Henry hat Oma eine Karte zum Geburtstag gemalt. Und du, Leo, machst dir nicht einmal Gedanken über ein Geschenk." – „Lizzy hat ein Päckchen mit Aufgaben in fünf Minuten gerechnet. Wenn du dich mehr konzentrieren würdest, Ben, könntest du das auch schaffen!" Nicht machen!

Streitverstärker: Mangeldenken

Auch wenn Eltern anfällig sind für die Idee, eines ihrer Kinder könnte in irgendeiner Form benachteiligt sein (weil erstgeboren, zweitgeboren, zuletzt geboren, so klein, so groß, so vorlaut, so schüchtern, weil Papa weg, weil Papa da, weil Mädchen, weil Junge, weil ich arbeite, weil ich nicht arbeite ...), vergrößern sie das Konfliktpotenzial zwischen ihren Kindern. Diese Eltern gehen von einem Mangel bei einem Kind aus und bekommen diese Erwartung prompt von ihm gespiegelt: „Immer kriegt Lea/Tom/Mike mehr auf den Teller, den besseren Würfel beim Spielen, mehr Anschwung beim Schaukeln, mehr dies, mehr jenes. Immer." Dann sieht die Mutter sich in ihrer Wahrnehmung von diesem Kind bestätigt: „Seht ihr, sie leidet so unter Lea/Tom/Mike. Sie hat einfach einen emotionalen Mangel, einen Liebesspeicher, den sie mit allem möglichen anderen auffüllen muss." Und das Kind beginnt zu verinnerlichen, es brauche einen Ausgleich für irgendwas.

Eltern können auch bei sich einen Mangel sehen. Sie laufen ständig mit dem toxischen Grundgefühl herum, nicht gut genug zu sein, als Mensch im Allgemeinen und als Mutter oder Vater für ihr Kind im Besonderen. Diese Eltern sind wie ein Fass ohne Boden. Sie bieten ihrem Kind immer mehr und haben doch ständig das Gefühl, es würde nicht reichen. Sie müssten noch eine Geschichte vorlesen, noch einen Gefallen tun, noch eine tollere Idee für den Kindergeburtstag haben, noch einen bunteren Nachtisch reichen ... Darüber brennen sie aus, ihnen platzt der Kragen, sie werden laut und grob, sind schließlich ganz zerknirscht und setzen am nächsten Tag ein Programm auf, das den Vortag toppen soll. Schließlich müssen sie ausgleichen, dass sie am Abend so ausfallend geworden sind. Und wieder kooperieren die Kinder. Sie spüren, dass die Eltern einen Mangel bei sich ausgleichen wollen, und tun ihnen den Gefallen, immer mehr zu fordern. Es gilt: Kinder wollen es ihren Eltern recht machen, auch wenn ihr Verhalten das Gegenteil davon zu sein scheint.

Was das toxische Selbstgefühl angeht, schreibe ich aus eigener Erfahrung. Es mir bewusst zu machen, hat nach und nach geholfen – mit durchschlagender Wirkung auf unsere Kinder.

Streitverstärker: Gefühle klein reden

Stellt euch vor, ihr habt euch über eine Bemerkung eurer besten Freundin geärgert. Ihr erzählt eurem Partner davon und dieser sagt: „Ach, komm! Das hat sie bestimmt nicht so gemeint. Du bist nur wieder mal überempfindlich! Lasst doch diesen Zickenkrieg!" Wie würde sich das für euch anfühlen? Nicht gut, oder? Kaum etwas ärgert uns mehr, als wenn wir nicht ernstgenommen werden. Und kaum etwas tut uns wohler, als wenn jemand sich ehrlich für unsere Gefühle interessiert, statt sie herunterzuspielen.

Wie oft aber reagieren wir in dieser Weise bei unseren Kindern? Wenn Annika (5) zum Beispiel verheult in ihrem Bett sitzt und brüllt: „Ich hasse meinen Bruder!", dann neigen viele Eltern zum Beschwichtigen, Herunterspielen und Glattbügeln. Sie sagen Dinge wie: „Wie kannst du so etwas sagen?! ‚Hassen' ist wirklich nicht schön. Du solltest gar nichts hassen und schon gar nicht Tom. Er ist schließlich dein Bruder. Vertragt euch wieder!" Stattdessen könnte eine Mama oder ein Papa aber auch sagen: „Ich sehe, du bist wirklich aufgebracht. Es muss etwas Schlimmes passiert sein." – „Ja, Tom hat mein Fahrrad genommen und jetzt ist die Lampe kaputt." – Oh, an deinem neuen Fahrrad! Ich kann verstehen, dass du dich sehr darüber ärgerst." – „Ja, ich wollte doch morgen eine Fahrt im Dunkeln mit Mira machen und jetzt kann ich das vergessen." – „Verstehe! Wie dumm! Ich weiß, du hattest dich so darauf gefreut ..."

Habt ihr schon mal den Stimmungswechsel erlebt, wenn es euch gelingt, euch so auf ein Kind einzulassen? Das ist viel wirksamer, als gleich mit einer vermeintlichen Lösung um die Ecke zu kommen oder sich den Bruder vorzuknöpfen. Kaum etwas ist so sehr Balsam für die Seele, wie zu sagen: „Ich verstehe, wie du dich gerade fühlst", und zu signalisieren: „Es darf sein, dass du dir Bruder oder Schwester geknebelt in einer Kiste wünschst." Wenn der schlimmste Ärger verrauchen darf, können Kinder erstaunlich schnell auf Lösungsfindung oder Versöhnung umschalten. Da stimmt der Satz von Faber und Mazlish: „Die schlechten Gefühle müssen raus, damit die guten hineinkommen können."[60]

Im Kapitel „Was tun bei Wut, Verweigerung und Trotz?" fiel schon der Fachbegriff „Gefühle spiegeln". Dabei ist es wichtig, möglichst neutral zu bleiben und eine beschreibende Haltung einzunehmen. „Ich sehe, du bist ganz ..." –

„Es kann sehr wehtun, wenn …" – „Ich beginne zu verstehen, dass …" – „Ich höre, wie aufgebracht du bist …" – „Du klingst wirklich …"

Weil wir es nicht gewohnt sind, auf diese Weise zu sprechen, kann es hilfreich sein, sich einen Spickzettel mit solchen Satzanfängen zur Erinnerung an den Kühlschrank zu hängen.[61]

Dabei ist noch zu beachten, dass wir ein Kind überfordern, wenn wir über das Beschreiben hinaus Gefühle interpretieren oder wie eine Psychologin reden: „Es ist normal, eifersüchtig zu sein …" oder „Tom hat wahrscheinlich Komplexe, weil …". Es geht ausschließlich darum, Gefühle möglichst neutral zu beschreiben. Wie ein Spiegel eben, der nur die Strahlen zurückwirft, die auf ihn treffen. Auch dem Kind Recht zu geben, ist nicht hilfreich. „Was Menschen aller Altersstufen in einem Moment des Kummers brauchen, ist nicht Zustimmung oder Ablehnung; sie brauchen jemanden, der anerkennt, was sie durchmachen."[62]

Streitverstärker: die unverarbeitete Vergangenheit

Habe ich als Mama oder Papa selbst Erfahrungen mit schlimmem Geschwisterstreit im Gepäck? Habe ich vielleicht als Kind unter dem älteren Bruder gelitten? War ich immer die Böse, obwohl die kleine Schwester heimlich meine Sammelbilder hat verschwinden lassen? Haben meine Eltern nie eingegriffen, obwohl meine Geschwister mir richtig wehgetan haben?

Wenn ich an einem Thema aus meiner Vergangenheit herumkaue und damit noch nicht meinen Frieden gemacht habe, nehme ich das mit in meine eigene Familie. Man könnte es die Werkseinstellung der Eltern nennen. Dann möchte ich um jeden Preis vermeiden, dass meine Kinder Ähnliches erleben und tue genau das Gegenteil von dem, was die eigenen

Eltern getan haben: Dann ignoriere ich den Streit nicht, sondern bin bei jeder Missstimmung zur Stelle, und die Kinder merken, dass ich bei dem Thema sofort „anspringe". Und das löst den Konflikt genauso wenig wie das völlige Heraushalten der Eltern damals. Die Situation mag mich zwar an damals erinnern, ist aber trotzdem eine völlig andere. Nur wenn ich steckenbleibe in dem, was vor 15 oder 20 Jahren war, sorge ich dafür, dass sich die Geschichte wiederholt.

Hier hilft es, sich die eigene Geschwisterrolle bewusst zu machen und in Ruhe zu überlegen, wie man mit dem Streit der Kinder umgehen möchte, ohne in alte Muster oder Gegenmuster zu verfallen.

Soweit zu den Verhaltensweisen, die wir vermeiden sollten: Erbsenzählerei, Geschwistervergleiche, Mangeldenken, Gefühle kleinreden und unverarbeitete eigene Geschwistererfahrung. Dazu noch aus dem Einstieg ins Kapitel: Akzeptieren, dass es Konflikte gibt, und sich nicht von den Streithähnen instrumentalisieren lassen.

Trotz allem bleibt die Frage: Einmischen oder nicht einmischen?

Ich bevorzuge das Nicht-Einmischen. Als Tendenz. Damit meine ich kein kaltes Ignorieren oder Gleichgültigkeit, sondern ein liebevolles Heraushalten im Sinne von: Ich sehe, was hier abläuft, und ich traue euch zu, es selbst zu lösen. Und die Kinder spüren: „Mama lässt sich nicht als Schiedsrichter einspannen, sie lässt sich nicht in Täter-Opfer-Spiele verwickeln. Wenn es zu doll wird, schützt sie mich oder meinen Bruder oder meine Schwester, aber sie fällt keine Urteile."

Das könnte folgendermaßen aussehen, dass Mama oder Papa:

- sich einer anderen Tätigkeit zuwendet
- sagt: „Mich interessiert nicht, wer angefangen hat, sondern wer als Erster aufhört."
- bei Streit während einer Autofahrt am Rand hält und verkündet: „Ich fahre erst weiter, wenn ihr aufhört."

Beim nächsten Mal muss man gar nichts mehr sagen. Da reicht schon der Boxenstopp.

Auch wenn ich mich im akuten Streit möglichst heraushalte, kann ich abends auf der Bettkante ein Gespräch führen. Besonders dann, wenn ich den Eindruck habe, dass ein Kind über längere Zeit den Kürzeren zieht und bedrückt wirkt. Bettkantengespräche abends vor dem Gute-Nacht-Sagen sind unschlagbar. Vor allem, wenn ihr es schafft, gut zuzuhören, Gefühle zu spiegeln und euch so auf das jeweilige Kind einzulassen, dass es spürt: „Diese Zeit gehört jetzt wirklich mir."

Hier kommt wieder das Prinzip zum Einsatz, negativem Verhalten (Streit) Aufmerksamkeit zu entziehen und sich dem Kind lieber zuzuwenden, wenn das problematische Verhalten aufgehört und es sich beruhigt hat.

Unvermeidbar ist ein Eingreifen von Erwachsenen bei zwei Arten von Geschwisterstreit:

Wenn ein Kind das andere regelrecht misshandelt:
Dann kann ich sagen: „Das ist ja jetzt richtig heftig hier. Ihr seid so wütend und so brutal, dass ich Angst bekomme, ihr könntet euch ernsthaft verletzen. Jeder geht sofort in sein Zimmer und beruhigt sich erst einmal. Wir können später darüber reden, was euch so heftig aneinandergeraten ließ." Hier hilft zu beschreiben, was ihr beobachtet habt („spiegeln"), eigene Gefühle benennen und die Parteien trennen und zur Ruhe kommen lassen. Wenn ihr später

merkt, dass der Konflikt noch schwelt, könnt ihr mit beiden einzeln das Gespräch suchen: „Du warst ja richtig wütend und du scheinst mir immer noch sehr niedergeschlagen ..."

Wenn die Kinder noch sehr klein sind:
Dann braucht es ein wenig Lenkung. Dazu das Beispiel einer Blogleserin: „Wie gehe ich mit Geschwisterstreit bei wirklich kleinen Kindern um? Meine Jungs sind drei und eineinhalb Jahre alt und der Kleine ignoriert das ‚Nein' des Bruders konsequent und geht sehr ausdauernd immer auf dessen Lieblingsspielzeug zu. Das geht oft nicht friedlich aus. Ich akzeptiere den Wunsch des Großen nach Spielzeug nur für ihn, möchte aber den Kleinen auch nicht ständig ablenken, aus dem Zimmer tragen oder gar Spielzeug doppelt kaufen müssen."

Meine Antwort: „Ja, das ist wirklich eine herausfordernde Situation, weil der Kleine einfach alles toll findet und alles machen und haben will, was der große Bruder hat. Ich würde den Großen zur Seite nehmen, ihm erklären, wie sehr der kleine Bruder ihn dafür bewundert, schon so geschickt und stark zu sein. Ich würde mit ihm darüber lachen, dass er wahrscheinlich mit einem dreckigen Putzlappen spielen könnte und der Kleine würde sich nichts sehnlicher wünschen als diesen Lumpen. Dann würde ich ihn fragen, ob er eine Kiste mit Spielzeug für den Kleinen zusammenstellen und es ihm eine Weile ausleihen könnte. Zu guter Letzt stöhnt ihr beide ein bisschen zusammen, wie viel Arbeit so ein Baby macht, und du dankst dem Großen für sein Verständnis und seine Hilfe."

Eine schöne Idee wäre darüber hinaus, mit dem Größeren zusammen eine Mappe auszusuchen, sie mit seinem Namen zu beschriften und seine Kunstwerke feierlich darin zu sichern. Oder mit ihm einen „Tresor" zu basteln, in dem ihr gemeinsam seine Schätze einschließt.

Die sieben wichtigsten Punkte zum Thema „Was fördert die Geschwisterliebe – und was nicht?":

1 **Geschwisterstreit ist normal.** Wenn Eltern glauben, ihre Kinder müssten immer die besten Freunde sein, wird es eher schwieriger als leichter.

2 Sich **tendenziell heraushalten,** sonst gewöhnen sich Kinder an, über Streit Aufmerksamkeit zu bekommen und Mama oder Papa zu instrumentalisieren.

3 **Kleine Kinder brauchen etwas Lenkung** bei ihren ersten Konflikten.

4 Wenn Größere sich fast misshandeln, muss ich einschreiten und **die Parteien trennen**, bis die Lage sich beruhigt hat.

5 Eltern sollten sich **nicht als Schiedsrichter einspannen lassen.** Mich interessiert als Mama oder Papa nicht, wer angefangen hat, sondern wer zuerst aufhört.

6 Auch wenn ich mich tendenziell heraushalte, führe ich mal ein **„Bettkantengespräch"** mit dem Kind, bei dem ich den Eindruck habe, es zieht in der Geschwisterfolge gerade den Kürzeren.

7 **Zu vermeiden sind:** Erbsenzählerei, Mangeldenken, Geschwistervergleiche, Bagatellisieren von Gefühlen und die Verarbeitung der eigenen Vergangenheit an den Kindern.

Wie kann ich mein Kind in der Schule unterstützen?

In Hamburg stehen in der zehnten Klasse die schriftlichen Überprüfungen an, die darüber entscheiden, ob ein Schüler in die Studienstufe wechselt oder nicht. Als diese Zeit für Prinzessin näher rückte, wachte ich morgens auf und ein paar unfreundliche Mahner standen drohend neben meinem Bett. „Du siehst das zu locker!" – „Das ist naiv!" – „Strenge kann Halt und Orientierung geben!" – „Sie braucht dich jetzt als Lern-Unterstützung und nicht bloß als Kakao-mit-Sahne-und-bunten-Streuseln-Mama!"

Ist das so? Ich rieb mir die Augen und hielt Ausschau nach meiner alten Freundin „Leichtigkeit".

Höchstnoten in allen Fächern? Von mir aus muss sie die nicht erreichen. Sicheres Bestehen der zehnten Klasse? Ja, das auf jeden Fall. Darüber haben wir uns unterhalten. Das ist auch ihr Ziel. Deshalb haben wir Eltern gesagt, wir würden ausgiebige Freizeitaktivitäten am Wochenende nur unterstützen, wenn sie eine Stunde täglich für eines der Hauptfächer lernen würde. Wir wüssten, haben wir ihr gesagt, dass sie mehr könne, als sie zeigt, und dass wir nicht zulassen würden, wenn sie sich unter Wert verkauft.

Ob es an unserer Ansage lag und den paar demonstrativen Lerneinheiten, die sie uns zur Liebe absolvierte, – wir wissen es nicht. Auf jeden Fall bestand sie die Prüfungen und wir hatten den Eindruck, unsere Elternpflicht getan und auch mal ein bisschen Strenge an den Tag gelegt zu haben. Selbst bei einem ungünstigen Ausgang hätten wir uns wegen unserer kleinen Ansprache besser gefühlt: Uns konnte man nichts vorwerfen. Hatten wir sie nicht gewarnt?

Das ist die klassische Eltern-Doppelmoral. Wir halten scharfe Ansprachen und wenn die nicht fruchten, stemmen wir die Hände in die Hüften und sagen: „Siehste! Das kommt davon, wenn man nicht auf uns hört!" Doch anstatt zu überlegen, ob das Kind wirklich eine faule Socke ist, sollten wir mit ihm ergründen, in welchem Tal sich die Motivation verlaufen hat und in welcher Form es Unterstützung braucht.

Ich behaupte, dass wir – abgesehen von dieser kleinen Panikattacke in der zehnten Klasse – wenig Druck aufgebaut haben. Wir wollten diese Angst verhindern, die einem plötzlich in den Nacken springt und die auch Prinzessin zeitweise niedergedrückt hat. Wir wollten zu dem Druck, den sie in der Schule bereits spürte, nicht noch mehr auf ihre Schultern laden. Den Gedanken „Ich bin nicht gut genug" halte ich für die Wurzel allen Übels. Er macht klein, schwach, behindert die Kreativität, macht das Denken eng, die Gefühle stumpf, dämpft alle Lebenslust.

Kleine Kinder haben keine Frage dazu, ob sie gut genug Laufrad fahren, ob sie gut genug Rutsche rutschen, ob sie sich genug Mühe geben als Puppenmutter, Sheriff, Sandburgarchitekt ... Erst wir Großen säen diese Zweifel, drängen ihnen unsere Bewertungen auf, lassen uns von Entwicklungsbögen aus der Kita, Einschulungstests und erteilten oder nicht erteilten Gymnasialempfehlungen verunsichern. Von der Wiege bis zur Bahre – die große Frage: „Bin ich gut genug?"

Der kleine Sohn einer Kollegin erhielt im vergangenen Sommer sein erstes Zeugnis. Heute sind dort keine Noten, sondern ein Text über das Kind zu lesen, um den einzelnen Schüler nicht mit einem nüchternen Ziffernzeugnis zu kategorisieren. Das ist gut gemeint, kann nur leider nach hinten losgehen. Die Mama schrieb mir, der Text habe eher an ein psychologisches Gutachten erinnert als an ein Zeugnis. Als sie ihm die seitenlange Beschreibung und Deutung seines Schulverhaltens und seiner Person vorlas, habe sich ihr Linus mehr und mehr gewunden und betreten zu Boden geblickt. Der Grundton war negativ. Das, was es zu verbessern galt, nahm erdrückend viel Raum ein. „Versteh mich nicht falsch", setzte sie in ihrer Mail hinzu, „es geht mir nicht darum, dass mein Siebenjähriger in der Schule nur gute Bewertungen bekommt. Er ist ein ganz normales Kind und darf noch vieles lernen und sich weiterentwickeln. Doch dieser negative Blick gefällt mir nicht. Weil er seine Freude an der Schule trübt." Als sie ihm vorschlug, das Zeugnis den Großeltern zu zeigen, war er vehement dagegen. Ist das nicht traurig?

Kinderpsychiater Michael Schulte-Markwort hat in einem „Spiegel"-Interview beschrieben, wie wegen der Schule in den meisten Familien das Gefühl dauerhafter Anstrengung vorherrsche. Es spiegele sich auch in den Fallzahlen wider: „Psychische Störungen kommen heute bei Kindern insgesamt nicht häufiger vor als vor zehn Jahren, die Zahl der Erschöpfungsdepressionen und Schmerzsyndrome bei Kindern aber hat zugenommen."[63] Schulte-Markwort beschreibt, wie sehr Kinder heute unter Optimierungsdruck stünden. Von fast allen wird erwartet, dass sie Abitur machen und studieren. Jeder Schulabschluss darunter wird mit der Vorstellung verbunden, das eigene Kind werde sozial abgehängt, verliere den Anschluss. „Die Kinder wachsen mit der Vorgabe auf", so der Klinikleiter, „dass Leistungssteigerung für ihr Leben enorm wichtig ist. Dadurch bekommen sie das Gefühl, nie zu genügen."

„Nie zu genügen." Eine schlimmere Hypothek kann man Kindern nicht mit auf den Weg geben. Das Gefühl, dass es nie ausreicht, so zu sein, wie man ist, gilt als Auslöser für Burn-out und Depressionen schlechthin. „Zahlreiche Mütter und Väter", so der Kinderpsychiater, „haben tatsächlich das Vertrauen verloren, dass ihr Kind schon irgendwie gut durchs Leben kommen wird. Also versuchen sie mit maximalem Einsatz, diesen Mangel an Zuversicht auszugleichen [...]."[64]

Das ist eine unheilige Kombination: die Erfahrung, kaum etwas alleine zu schaffen, und wenig Vertrauen von den Menschen, die einem am wichtigsten sind.

Ein Tenniskollege meines Mannes erzählte, seine Tochter sei im Sommer auf das Gymnasium gekommen. Jetzt würden die Anforderungen ja so richtig anziehen, meinte er. Und das Mädchen habe neulich das Buch, das es zum Lernen für eine Klassenarbeit gebraucht hätte, in der Schule liegenlassen. Da hätte er ihr gesagt, dass sie mit dieser Arbeitsweise auf dem Gymnasium nicht zurechtkommen würde. Mein Mann wagte nachzufragen, wie denn das Zeugnis der Tochter in der Grundschule gewesen wäre. „Bis auf eine 2+ alles Einser", antwortete der Vater. Aber jetzt auf der weiterführenden Schule werde es bestimmt nicht so kinderleicht bleiben.

Kindern wird im Schulleben immer wieder gedroht. Von Lehrern, vor allem aber von Eltern. Als unsere Kinder eingeschult wurden, hieß es, nun würde der Ernst des Lebens beginnen. Dann gab es den Stress mit der Gymnasialempfehlung. Jürgen Kaube schrieb in einem Artikel mit der Überschrift „Abiturienten, bis es kracht!" in der Frankfurter Allgemeinen Zeitung[65], dass „Eltern, denen man eingeredet hat, die Schule entscheide über den Lebenserfolg samt der Schichtplatzierung", verständlicherweise schier durchdrehen würden, wenn das Kind keine Gymnasialempfehlung erhielte.

Puh, das mit den Gymnasialempfehlungen hatten wir geschafft. Nun hieß es, die Kinder müssten zeigen, dass sie den Anforderungen der weiterführenden Schule auch gewachsen waren. Halb so dramatisch, stellte ich fest. Doch es gab unkende Mütter: „Warte, bis sie in die sechste Klasse kommen. Du weißt ja nicht, ob sie es in die siebte Klasse schaffen oder die Schule verlassen müssen." Kaum war diese Hürde genommen, wurden die nächsten Drohszenarien aufgebaut: die Realschulprüfung in der zehnten Klasse, die angeblich strengere Bewertung in der Oberstufe, schließlich der Abiturstress. Ich bin mir sicher, es wird danach so weitergehen: Wir werden gewarnt werden, wie schwer es ist, einen Ausbildungs- oder Studienplatz zu finden. Dann werden wir hören, wie stark in den ersten Semestern „gesiebt" werde, Durchfallquoten machen die Runden – das Lernen und Leben, ein einziges atem- und freudloses Wettrennen.

Wollen wir das wirklich so? Wollen wir schon unsere Vorschulkinder unter Druck setzen, weil sie noch keine Buchstaben schreiben können? Wollen wir Zehnjährige mit Leichenbittermiene zur Seite nehmen und tadeln, wenn sie mal ihr Buch in der Schule vergessen haben? Finden wir es normal, dass Zwölfjährige eine Burn-out-Sprechstunde aufsuchen, dass immer mehr Teenager wegen Depressionen behandelt werden müssen?

Der Psychologieprofessor Julius Kuhl und seine Mitarbeiterin Ann-Kathrin Hirschauer vom Institut für frühkindliche Bildung und Entwicklung in Osnabrück haben durch eine Befragung von Dritt- und Viertklässlern herausgefunden, dass „sorgenvoll leistungsorientierte" Eltern das Lernen ihrer Kinder blockieren. „Diese Eltern verzweifeln schnell, wenn schulische Probleme auftauchen. Sie machen sich leichter Sorgen, vergleichen die Leistungen des Kindes mit anderen, grübeln, ob es seinen Lebensweg finden wird", so Hirschauer. Dass diese Haltung der Eltern Auswirkungen auf die Schüler hat, konnten die Forscher über einen längeren Zeitraum beobachten. „Obwohl alle Kinder gleich gut lernten, verschlechterten sich bei denen mit besonders besorgten Eltern bereits nach einem halben Jahr die Noten statistisch signifikant."[66]

Professor Kuhls Empfehlungen lassen sich wie folgt zusammenfassen:

Eltern sollten sich für die Unterstützung bei schulischen Aufgaben ihrer Kinder bereithalten, sie bei Schwierigkeiten ermuntern und kleine Hilfen anbieten.

Eltern sollten darauf achten, dass das Kind in dem Moment für Hilfe wirklich empfänglich ist, sonst wird es sowieso nicht fruchten und man hat Stress und schlechte Stimmung noch oben drauf.

Das Kind braucht sowohl die Hilfsbereitschaft seiner Eltern als auch ihr Vertrauen, dass es schulische Aufgaben allein schaffen kann. Permanenter Druck und Kontrolle sind kontraproduktiv, weil sie Ausdruck eines tiefen Misstrauens sind und das Selbstgefühl des Kindes angreifen.

Sich von Freude statt von Angst leiten zu lassen – an keiner Stelle in diesem Buch ist mein Appell wichtiger als beim Thema „Schule". Wenn die Lehrerin eures Kindes einen defizitorientierten Blick auf Schüler im Allgemeinen und auf euer Kind im Besonderen hat, behaltet einen klaren Kopf. Überprüft ihr Urteil mit der Vier-Fragen-Methode aus dem Kapitel „Durch eine neue Einstellung mehr Nähe zum Kind – wie geht das?" und kommt zu einer eigenen Meinung. Ich bin in keiner Weise dafür, einen Feldzug gegen Lehrer zu führen oder Anwälte zu bemühen, weil der eigene Augenstern keine „Eins" bekommen hat. Da gibt es schlimme Auswüchse. Und es tut mir leid, dass Lehrer zuweilen solchen Anfeindungen ausgesetzt sind.

Engagiert keine Anwälte – das tun eher Eltern, die ihr Kind nutzen, um ihr eigenes Ego zu füttern. Seid vielmehr der größte Mentor, den ein kleiner Mensch an seiner Seite haben kann. Seid interessiert, was in der Schule läuft, ermutigt, gebt Kraft, um auch mal etwas Mühsames durchzustehen, begeistert euch für Bildung und Wissen, seid selbst lebenslange Lerner, nehmt aber die Noten eures Kindes nicht allzu wichtig. Besucht mit den Kindern Ausstellungen, Konzerte, Theater, Lesungen, Computermessen oder was immer euch und sie begeistert. Lernt gemeinsam andere Kulturen kennen, seid in der Natur, seht Tierdokumentationen, übernachtet im Freien, hört die Frösche quaken und studiert rücklings auf der Luftmatratze liegend Sternenbilder. Aber setzt euer Kind nicht unter Druck, um unbedingt ein Null-Fehler-Diktat oder zwei Punkte mehr in Mathe zu erreichen.

Es geht um die Faszination von Wissen, um das Glück plötzlicher Erkenntnis und darum, seine Stärken und Schwächen besser kennenzulernen. Auf diese Form von Bildungsbegeisterung trefft ihr selten auf Elternabenden. Lasst euch von dieser Atmosphäre der Grundbesorgtheit, vom Konkurrenzdenken und von eigenen Versagensängsten, getriggert vom Kreidequietschen an der Tafel, nicht anstecken. Macht es lieber wie die Eltern meiner Freundin Andrea, die immer Geld von ihnen bekam, wenn sie sich ein Buch kaufen wollte. Oder wie meine Bekannte Claudia, die häufig so berührende Vorlesebücher aussucht, dass es

Streit darüber gibt, wer dem Jüngsten das Kapitel des Abends vorlesen darf, und sich schließlich die ganze Familie ins Kinderbett quetscht. Oder macht es wie mein Mann, der für seine Tochter reiten lernte, um sie auf einer Safari begleiten zu können. Oder wie meine Blogleserin Christina, die mit ihrem Sohn Naturkundemuseen und Ausgrabungsstätten besuchte, weil er mit drei Jahren den Wunsch äußerte, Dinoforscher zu werden. „Das ist nur eine Phase", sagten seine Großeltern. „Was will der auf dem Gymnasium?", fragte seine Klassenlehrerin. Inzwischen studiert der Junge Geowissenschaften und wird sich für seinen Master in Paläontologie endlich ganz den Dinos widmen können.

„Das Glücksempfinden des Menschen", schreibt Hirnforscher Manfred Spitzer, „hat gar nicht die Funktion, uns dauerhaft glücklich zu machen, sondern hat die Funktion, uns alles, was gut für uns ist, rasch aneignen zu lassen."[67] Alles, was gut für uns ist – diese Worte möchte ich nachklingen lassen. Das eigene Glücksempfinden als Leitlinie des Lernens – das geht weit über das hinaus, was die Kultusministerkonferenz als Schulstoff empfiehlt.

Lehrpläne sind wichtig. Keine Frage. Und versteht mich nicht falsch: Ich halte Schule nicht für eine Lust-und-Laune-Veranstaltung. Es darf auch mal mühsam sein. Es darf auch sein, dass die Faszination eines Themas sich erst erschließt, wenn ich mich eingehender damit befasst habe. Es darf auch sein, dass mal etwas stur gelernt werden muss. Und ein Kind kann auch mal mit einem weniger begabten Lehrer zurechtkommen. Wogegen ich mich aber wende, ist seelenloses Lernen unter Druck, Misstrauen und Angst.

Wenn ein Kind Eltern oder andere Mentoren hat, die an es glauben, die die Schule wichtig, aber nicht allzu ernst nehmen, und mit ihm zusammen begeistert die Welt entdecken, hat es gute Chancen, eine Kindheit ohne Burn-out-Sprechstunde zu erleben.

Die sieben wichtigsten Punkte zum Thema „Wie kann ich mein Kind in der Schule unterstützen?":

1 Habt **Geduld mit eurem Grundschulkind**! In diesem Alter ist der Bewegungsdrang so groß wie nie wieder im Leben. Es ist ungünstig, dass dieses überbordende Bedürfnis mit der Anforderung zusammenfällt, still auf einem Stuhl zu sitzen. Für Jungen gilt das noch ein bisschen mehr als für Mädchen. Bitte sorgt dafür, dass sie irgendwann am Tag noch toben können.

2 In den ersten Jahren an der weiterführenden Schule hilft es, **gemeinsam einen Wochenplan anzulegen**. Wann willst du für die Deutscharbeit lernen? Wie viel Zeit brauchst du für die Vorbereitung des Referats? Brauchst du meine Unterstützung? Wann spielst du zur Entspannung am Computer, wann triffst du dich mit Freunden?

3 Wie kann ich mein Kind in der Schule unterstützen?**Im Lehrergespräch verhalte ich mich wertschätzend.** Ich bombardiere mein Gegenüber nicht mit Vorwürfen, sondern gebe dem Lehrer eine Rückmeldung, wie ich bei meinem Kind wahrnehme, was es in der Schule belastet, was es freut.

4 **Begeisterung ist ansteckend**. Das gilt auch für Bildungsbegeisterung. Zeigt euren Kindern, was euch selbst fasziniert, lest die Bücher vor, die euch selbst als Kind oder Jugendlicher begeistert haben, geht in Konzerte, Museen, auf Waldlehrpfade, Messen …

5 Ich vertraue meinem Kind. Nicht im Sinne von: „Jetzt kommen nur noch Einser und Zweier", sondern **ich ver-**

traue, dass es seinen Weg geht und die Erfahrungen macht, die es braucht, um der Mensch zu werden, der es sein möchte.

6 Ich kann die Vorträge über die Wichtigkeit von Lernen lassen und **erst einmal fragen**: „Was möchtest du gerne werden?" – „Hast du schon Ideen?" – „Was macht dir am meisten Freude?" – „Wozu möchtest du den Schulabschluss nutzen?" – „Welche Note möchtest du in der nächsten Arbeit erreichen?"

7 Ich kann mich darin üben, **mehr in meinem Kind zu sehen, als es selbst in sich sieht**. Manche Eltern sehen nur Defizite, manche glauben, sie hätten ein „realistisches" Bild von ihrem Kind. Wie wäre es damit, mehr in seinem Kind zu sehen, als es selbst sieht? Hattet ihr schon mal jemanden an eurer Seite, der eine größere Vision von euch hat, als ihr selbst? Ist das nicht unglaublich beflügelnd?

Warum ist der Papa so wichtig fürs Kind?

Prinzessin hat seit Kurzem den Führerschein. Sie bringt mich zum S-Bahnhof, wenn ich verreise. Dann stehe ich am Straßenrand und sehe sie davonfahren. Allein. Mit dem Auto. Ich kann nichts machen. Keine Tipps mehr geben. Kein „Wenigstens-dabei-sein-wenn-etwas-passiert". Lieber auch nicht winken, sonst sieht sie in den Rückspiegel, winkt auch, ist abgelenkt ... Mir bleiben Stoßgebete und auch Stolz, dass sie das jetzt kann und macht. Gestern war Seepferdchen, heute Autofahren. Was kommt als nächstes?

Wieder in Hamburg habe ich die Devise ausgegeben: „Allein im Auto zurück von der S-Bahn. Das ist okay. Aber sonst möchte ich für den Anfang dabei sein, wenn du fährst." Sie guckte mich an. Kein Kommentar. Und als das Thema aufkam, ob sie mit dem Auto zum Übernachten zu ihrer Freundin fahren dürfe, habe ich „Nein" gesagt und mich für meine beschützende Strenge gefeiert. Schließlich wohnt Luisa an der Elbe. Da parkt man direkt am Fluss. Was wäre, wenn Prinzessin die Pedale verwechselt und ins Wasser schießt?

„Was, Uta", würde ich in der Elternberatung eine solche Mama fragen, „lässt dich denken, sie könnte die Pedale verwechseln? Welches Bild hast du von deiner Tochter? Vertraust du ihr?"

Immer diese unangenehmen Fragen!

Als ich meinem Mann erzählte, dass ich hart geblieben sei, hat er zwar wenig dazu gesagt, aber ich spürte, dass er anders entschieden hätte. „Es ist wichtig, dass sie Fahrpraxis bekommt", brummelte er. Auch sonst ist er lockerer, was das nächtliche Ausgehen der Kinder, ihre Reisen und Auslandsaufenthalte angeht. Er würde auch mit ihnen mit dem Fallschirm springen wie unser Freund Lars, der seiner Tochter ein solches Abenteuer zum 18. Geburtstag geschenkt hat. Da war dieses Funkeln in seinen Augen, als Lars davon erzählte. Und ich sagte nur schnell: „Es ist spät. Lass uns gehen."

Sind es vor allem die Väter, die ihre Kinder ermutigen, sich zu erproben? Ist das ein altes Genderklischee oder ist da etwas dran?

Der Vater habe den Drang, „das Kind anzuschubsen", damit es seine Grenzen austestet, hat Verhaltensforscherin Anna Machin von der Universität Oxford herausgefunden. Bis vor zehn Jahren herrschte in der Forschung noch die Auffassung vor, Papas hätten wenig Einfluss auf die Entwicklung des Kindes. Es kursierten viele Klischees, so Machin. „In Internetforen wird über den Vater als nutzlosen Kerl gelästert."[68] Dem wollte die Anthropologin etwas entgegensetzen. Zehn Jahre lang forschte sie über Väter und untersuchte, wie sie Bindung zu ihren Kindern aufbauen und welche Bedeutung sie für sie haben.

Eine Rolle scheint die des „Anschubsers" zu sein. Diese Anlage, so die britische Forscherin, habe sich in der Evolution bei Vätern ausgeprägt. Dadurch würden sie dem Kind helfen, die Welt zu entdecken, mit Risiken umzugehen und auch mit Versagen. „Wenn die Eltern mit dem Kind interagieren, sehen wir bei der Mutter vor allem eine Aktivierung im limbischen System des Gehirns, wo die Gefühle sitzen, die Fürsorge, das Behüten. [...] Bei dem Vater sehen wir eine

Aktivierung im Neokortex, wo die soziale Kognition sitzt, die soziale Interaktion und Kommunikation, das Planen, Anschieben, Herausfordern."[69] Machin betont, dass die Evolution Redundanz vermeidet. Die Rollen von Vater und Mutter seien unterschiedlich angelegt. Das Kind benötige beide.

Darüber hinaus fand Anna Machin heraus, dass Männer die Bindung zu ihrem Kind über Interaktion aufbauen. Während die Mama durch das Wechselspiel der Hormone bei der Geburt und beim Stillen einen großen Bindungsvorsprung hätte, brauche Papa etwa 18 Monate, bis ein ähnlich belastbares Band zwischen ihm und dem Kind entstehe. Dieses Band wächst beim Vorlesen, zusammen etwas Bauen, Spielen und vor allem beim Toben, Raufen und Rangeln. Deshalb sind Mütter vielleicht genervt, wenn Papa nach Hause kommt und die Brut noch einmal so richtig aufmischt. Wenn ihr aber versteht, dass er das braucht, um die Bindung zu stärken, und dass er das Kind dabei ermutigt, seine Grenzen zu erweitern, könnt ihr das besser akzeptieren.

Wir Mamas (mich eingeschlossen) erliegen leicht dem Irrglauben, der Vater sollte genauso mit dem Kind umgehen wie wir. Wir sind geneigt, uns für die „Sozialministerin" in der Familie zu halten, die sich im Ressort „Kinder" einfach besser auskennt. Und dann starten wir ein Umerziehungsprogramm für den Partner, um ihn sanfter und verständnisvoller zu machen. Ja, wir meinen sogar, wir müssten die Kinder vor Papas Eingreifen, vor seiner vermeintlichen Unsensibilität, Wildheit, Kraft und Entschiedenheit schützen. Die Professorin aus Oxford aber betont: „Es schadet eher, wenn sie (die Mamas) den Mann tatsächlich dazu bringen, alles so zu machen wie sie selbst."[70] Dieser Anspruch kann sich bei Müttern, die vom Vater ihres Kindes getrennt leben, darin steigern, dass er ihren Erziehungsstil komplett übernehmen muss. Sonst darf er sein Kind nicht sehen. Solche „Tür-Wächter-Mütter" halten sich für Löwinnen, die für ihren Nachwuchs kämpfen, schwächen es aber massiv, wenn sie den Ex vor dem Kind in seiner Rolle als Vater disqualifizieren.

„Das Kind müssen Sie sich vorstellen wie einen Baum mit zwei Wurzeln", erklärt die bekannte Beziehungsberaterin Eva-Maria Zurhorst. „Die eine Wurzel ist die Mutter, die andere Wurzel ist der Vater. Wenn die Mutter an der Wurzel ‚Vater' sägt und der Vater an der Wurzel ‚Mutter', dann kippt das Kind um. Ob ich darüber rede mit dem Kind oder ob ich das innerlich oder hinter verschlossener Tür mit Anwälten austrage, ist völlig egal. Was ich brauche, ist ein Ringen um Respekt für den anderen. Das Ringen mit mir, immer wieder zu sagen: ‚Das ist Mist, das tut mir weh!' Mir wird dann klar, dass er das, was ich mir wünsche und was ich brauche, nicht geben kann. Aber auch zu sehen, das ist der Vater von meinem Kind und als solchen muss ich irgendwie meinen Frieden mit ihm finden."[71]

Auch wenn ich als Alleinerziehende meinen Frieden mit dem Vater meines Kindes gemacht habe, bleibt der Alltag anstrengend, weil ich gleichzeitig Mama und Papa sein muss. Ich soll das Kind in die Welt hinausschubsen und gleichzeitig behüten. Da kann es eine große Entlastung sein, andere vertrauenswürdige Männer (einen neuen Partner, den Opa, Onkel, Fußballtrainer…) als Bindungspersonen für das Kind an seine Seite zu holen. Mir ist bewusst, dass es Fälle geben kann, in denen die Beziehung von Mama und Papa so zerrüttet ist, dass gemeinsame Elternschaft kaum möglich ist und das Kind vor dem anderen Elternteil tatsächlich geschützt werden muss. Das ist aber ein anderes Buch.

Ich möchte Müttern mit auf den Weg geben, ihre Partner nicht ständig auszubremsen. Und Väter möchte ich ermutigen, von Anfang an mit dem Baby zu kuscheln, zu sprechen und ihm vorzulesen, vielleicht sogar zu singen. Das mag in den ersten Monaten frustrierend sein. Doch Papas Zeit wird kommen. Und das Kind und er werden davon profitieren. Besonders Jugendliche stärkt die Präsenz einer ermutigenden Vaterfigur.

Eine Figur wie unser Bekannter Holger, der ein Hausboot mietete, als sein Sohn Jonas die Schule verweigerte und es dem Jungen immer schlechter ging. Die größte Angst von Lena, seiner Frau, war, ihr Sohn würde nie einen Schulabschluss erreichen. Holgers größte Angst war, die Familie könnte zerbrechen. Zweieinhalb Jahre lang fast jeden Morgen das gleiche Drama: Mutter und Sohn, die sich anschrien, ein älterer Bruder, der sich raushielt, und ein Vater, der irgendwie versuchte, die Wogen zu glätten. „Wir haben immer an ihn geglaubt", sagt Lena. „Okay, ich eine Zeit lang nicht, aber Holger immer."

Holger immer. Wirklich? „Zweieinhalb Jahre, in denen nichts funktionierte, sind schon eine lange Zeit", räumt er ein. „Aber ich habe die Hoffnung nie aufgegeben." Etwa in der neunten Klasse, als es am schlimmsten war, mietete er in Holland ein Hausboot und schipperte mit Jonas durch die Kanäle. Nur Vater und Sohn. Nur Wasser, Enten und keine Schule bis zum Horizont. Die beiden angelten, hörten Musik. Und der Junge, den die meisten Erwachsenen in seinem Umfeld für lebensuntüchtig hielten, kochte das Essen, machte den Abwasch und manövrierte das schwere Schiff durch alle Schleusen und Untiefen. Seinen Sohn ans Steuer zu lassen, obwohl er erst 15 war und den Kahn gar nicht lenken durfte, ist typisch für Holger. Typisch Papa eben.

**Die sieben wichtigsten Punkte zum Thema
„Warum ist der Papa so wichtig fürs Kind?":**

1 **Väter haben eine andere Rolle für das Kind.** Im Umgang mit ihm ermutigen sie es eher, eigene Grenzen auszuloten, als Mütter es in der Regel tun.

2 Wenn Männer mit ihren Kindern spielen, **zeigt ein anderes Areal ihres Gehirns Aktivität** als bei Frauen.

3 **Papas können den Bindungsvorsprung aufholen**, den Frauen durch Geburt und Stillen zum Kind haben.

4 **Durch Interaktion stärken sie die Beziehung**: Mit Toben, Raufen, Balgen, Kitzeln, aber auch Vorlesen und Unternehmungen knüpfen Väter das Band der Bindung.

5 Mamas tun gut daran, **die Andersartigkeit ihres Partners wertzuschätzen**, anstatt ihn ein Umerziehungsprogramm durchlaufen zu lassen.

6 Fühlen sich Männer am Anfang mit dem Neugeborenen vielleicht unfähig oder überflüssig, sei ihnen gesagt: **Papas, eure Zeit wird kommen!** Je älter das Kind wird, desto mehr profitiert es von einer engen Bindung zum Vater.

7 Wenn es einer alleinerziehenden Mutter möglich ist, **einen guten Kontakt zum Ex-Partner zu halten** und ihn als Vater nicht zu entwerten, profitieren die Kinder sehr davon.

Mediennutzung in gesunde Bahnen leiten – wie geht das?

Auf der Rückreise von einem Urlaub in Südfrankreich verbrachten wir einige Zeit am Flughafen in Nizza. Weil Kronprinz und mich immer der Hunger auf etwas Deftiges treibt, suchten wir vor dem Abflug ein Imbisslokal auf. Dort war es sehr kurzweilig, denn man konnte durch die große Glasfront direkt auf die Rollbahn sehen.

Kurz nach uns setzten sich Eltern mit einem etwa zweijährigen Jungen an den Nebentisch. Sympathisch wirkende Menschen, Skandinavier, gut gekleidet, vermutlich mittlerer bis hoher Bildungsabschluss. Für den Kleinen hatten sie einen Hochstuhl geholt und fädelten seine Beinchen zwischen Lehne und Mittelriemen hindurch. Kaum saßen alle, reichte die Mama dem Jungen ein Brötchen, der Vater etwas zu trinken. Ein batteriebetriebener Miniventilator, der Süßigkeiten in seinem Sockel enthielt, fand ebenfalls Platz neben dem Teller und blies dem Kleinen den Haarflaum aus der Stirn. Schließlich wurde ein iPad vor das Kind gestellt und ein Zeichentrickfilm gestartet.

Hatte ich erwähnt, dass wir alle auf das Rollfeld guckten? Flugzeuge landeten, Gepäckzüge zuckelten vorbei, Frachträume klappten auf, Männer in Sicherheitswesten winkten, hier Blinklichter, dort Fahnen, Piloten, Stewardessen, Busse … ein reales Wimmelbild. Kostenfrei. Ohne Abo. Einfach unsere Welt, zum Hingucken und Staunen.

Der kleine Junge aber konnte das Treiben nicht sehen, weil ein iPad und Figuren mit melonengrößen Köpfen ihn ganz in ihren Bann gezogen hatten.

Kurz ein paar Fakten dazu:

- Filme stellen Kleinkinder ruhig, sie fallen bald in einen tranceähnlichen Zustand.
- Die ständigen Bewegungsreize fesseln ihren Blick, sie können kaum noch etwas anderes wahrnehmen.
- Das für dieses Alter typische und wichtige Tasten und Begreifen, Sich-selbst-im-Raum-Bewegen und Interagieren wird ausgeschaltet.
- Entsteht aus der Ruhigstellung durch Medien eine Gewohnheit, wird die experimentelle Neugier langfristig gelöscht.
- Der angeborene Forscherdrang kann für Erwachsene anstrengend sein, für die Entwicklung des Kleinkindes ist er essenziell.
- Erlebtes wird durch eigenes Tun und Träumen verarbeitet, es kann „sacken" und die Grundlage für eigene innere Bilder bilden.
- Nie wieder braucht das Gehirn so dringend die Botschaft der Hände wie im Kleinkindalter, die Information, wie sich eine Oberfläche anfühlt, welche Form ein Objekt hat, was passiert, wenn man irgendwo draufdrückt oder an etwas zieht – all das ist wichtig für die „Verdrahtung" von Gehirn und Körper.
- Das allererste Verständnis für Mathematik entwickelt in dieser Zeit seine Grundlagen.
- Zwischen dem ersten und zweiten Lebensjahr nehmen die sprachlichen Fähigkeiten rasant zu und werden im Austausch mit echten Menschen trainiert.
- Für die Sprachentwicklung ist es wichtig, mit dem Kind

über das zu sprechen, was es gerade sieht: „Guck mal, da werden die Koffer ausgeladen." – „Dort kommt der Tankwagen." – „Kannst du den Mann im Cockpit sehen? Er hat gerade Platz genommen." – „Der Flieger dort hinten wartet sicher auf seine Starterlaubnis." – „Klettere ruhig mal auf den Stuhl, dann siehst du die Maschine, mit der wir gleich fliegen."

Vor unserem Abflug hatte ich noch Gelegenheit, drei alleinreisende Mütter mit Kleinkindern zu beobachten. Da erinnerte ich mich, wie mühsam Reisen mit Babys sind und dass ich nicht zu streng sein sollte. Vor allem, wenn man niemanden hat, dem man das Kind mal eben in die Hand drücken kann, weil Mutter zur Toilette muss, den Koffer aufs Band hieven will, den Buggy vor dem Einsteigen zusammenfalten muss, die Durchsagen trotz Babygebrabbel nicht verpassen darf. Da ist es verständlich, dass man selbst den Kleinsten mal sein Smartphone in die Hand drückt, nur damit mal ein Moment Ruhe ist. Auch klar, dass ein Tablet mit Spielen und Filmen bei den Größeren hilfreich ist, um lange Wartezeit zu überbrücken. Ich würde es aber nicht zum Standard erheben. Wenn ihr mal gelassen am Flughafen sitzt, womöglich mit Premiumblick auf das Rollfeld, genießt die Entdeckungsfreude eures Kindes, statt sie medial zu betäuben.

Und bei älteren Kindern? Wie können wir ihren Umgang mit Medien in gesunden Bahnen halten? Dazu eine Situation, die ich wieder auf einer Reise, diesmal im ICE von München nach Hamburg, erlebt habe: Im Großraumwagen saß ich neben einer Oma und ihrem zehnjährigen Enkel an einem Tisch. Gleich nach dem Einstieg spielte der Junge an einem Tablet. Wir fuhren durch Bayern. Verschneite Dörfer flogen vorbei, Tannenwälder wie von Puderzucker bestäubt, weiße Äcker sanft geschwungen bis zum Himmel. Hinter Ingolstadt sagte der Junge: „Ich habe Kopfschmerzen!" Das war – aus seiner Sicht – ein Fehler. „Du hast Kopfschmerzen?" Plötzlich war die Oma hellwach. „Her mit dem Gerät! Du hängst sowieso viel zu viel darüber." Jetzt wurde sie resolut, stopfte ihm seine Jacke in den Rücken und empfahl, die Landschaft zu genießen. „Das ist langweilig. Da sind nur Bäume. So schlimm sind die Kopfschmerzen gar nicht." Oma aber ließ sich von ihrem Therapieansatz nicht abbringen. „Er hängt sowieso viel zu viel am Tablet", raunte sie mir zu. „Kann ich es jetzt wiederhaben?" – „Nein, kannst du nicht." Simon, so hieß der Junge, begann ein Programm zur nervlichen Folterung aller Umsitzenden. Er ließ den Ärmel von Omas Jacke, die über ihm hing, hin und her schwingen. Er sagte alle paar Minuten „Mir ist langweilig!", er ließ seine Beine über der Lehne in den Gang baumeln. Er wand sich auf den Sitzen, als wären sie eben dazu nicht geeignet. Immer wieder fiel seine Plastikflasche mit einem Rest Apfelschorle um. Und ich verfluchte den Moment, als ich diesen Platz reserviert hatte.

Je länger diese Spielchen dauerten, desto unnachgiebiger wurde die Oma. „Kann ich das Tablet jetzt wiederhaben?" – „Nein, kannst du nicht!" Sie saß neben mir wie in Beton gegossen und ließ den sozialen Druck, der sich so langsam in Wagen 24 aufbaute, an sich abprallen. „Sie könnte ihm wenigstens ankündigen, dass sie es ihm zum Beispiel in zehn Minuten wiedergibt", dachte ich. Nichts dergleichen. Simon wippte mit den Füßen, Simon schlug den Jackenärmel, Simon fragte ständig: „Kann ich jetzt?" Inzwischen näherten wir uns Fulda und ich begann, die Stärke dieser Frau zu bewundern.

Hinter Fulda bewegte Oma den Jungen dazu, mit in den Speisewagen zu kommen. Hatte sie Hunger oder wollten sie den Umsitzenden eine Pause gönnen? Ich weiß es nicht. Auf jeden Fall war Simon deutlich ausgeglichener, als die beiden zurückkehrten. Jetzt lehnten beide auf dem Tisch und schauten zum Fenster raus. Von einem Ausflug zu einer Kapelle war die Rede, den sie gemeinsam unternommen hatten. Um die Kapelle ranken sich wohl Geistergeschichten. „Glaubst du wirklich", fragte Simon, „dass uns Tote erscheinen können?" Oma zuckte mit den Schultern. „Ich kann es mir schwer vorstellen, aber ausschließen kann ich es nicht." Die beiden blickten weiter in die Landschaft, sie legte ihre Hand auf seinen Arm und streichelte ihn.

Der Kampf war ausgestanden. Die Oma in Beton hatte Langeweile, Frust und Genervtsein durch Hartnäckigkeit besiegt. Jetzt saßen die beiden Hand in Hand vor dem Fenster, sinnierten über Geister, schmiedeten Pläne, ob sie das nächste Mal an der Kapelle campen wollten. Simon lächelte, war ganz gebannt von dem, was ihm erzählt wurde. Als dann immer noch Zeit war bis zum Aussteigen, bot Oma ihm an, ihm noch für eine halbe Stunde das Tablet zu geben. Er aber winkte ab.

Die Geschichte aus dem Zug ist weniger eine Geschichte über einen Jungen und sein Tablet, sondern vielmehr eine über einen Jungen und seine Oma. Es ist eine Beziehungsgeschichte. Und darauf kommt es bei jedem Konflikt, den wir mit Kindern haben, an. Wir müssen bereit sein, uns aneinander zu reiben. Es bleibt an der Oberfläche, wenn ich am Router die Zeiten einstelle, in denen das Kind ins Internet darf. Es bleibt an der Oberfläche, wenn ich Jugendschutzfilter aktiviere. Es bleibt an der Oberfläche, wenn ich seine Geräte wegnehme und verstecke. Ich brauche die Bereitschaft, mich mit meinem heranwachsenden Kind auseinanderzusetzen. So wie die Oma im Zug, die zwar das

Tablet wegnahm, es aber gleichzeitig schaffte, mit ihrem Enkel ins Gespräch zu kommen und Nähe herzustellen.

Wenn wir diesen Draht zueinander nicht verlieren, können wir gemeinsam aushandeln, welche Zeitfenster wir am Router einstellen, ob wir zum Ausgleich für das Vor-dem-Bildschirm-Hocken eine Tischtennisplatte anschaffen und wann alle in der Familie ihr Smartphone „zum Schlafen" in ein Körbchen legen.

Gemeinsam eine Lösung zu erarbeiten, mag auf den ersten Blick mühsam erscheinen. Ich muss das Gespräch suchen und einen Teenager von Bett und Bildschirm lösen, der fest mit beidem verwachsen zu sein scheint. Ich muss es schaffen, die Balance zu halten zwischen „Ich vertrete klar meinen Standpunkt" und „Ich lasse auch den vom Junior gelten". Wenn wir dann aber etwas vereinbaren können, wird das viel wirksamer sein als alle Verordnungen aus der elterlichen Chefetage, alles Schimpfen, Drohen und Verbieten.

Die Beziehungspflege ist die Basis. Darüber hinaus hilft es bei einem Kind zwischen zehn und 15 Jahren, den Rechner, den es nutzt, nicht in sein Kinderzimmer zu stellen, sondern zum Beispiel ins Wohnzimmer oder in die Küche. Dann können Eltern am Rande mitbekommen, was es dort tut, und müssen nicht die Privatsphäre im Kinderzimmer stören. Das ist wichtig, gerade in Bezug auf verstörende Pornoseiten oder Cybermobbing. Wer noch keinen Computer für sein Kind angeschafft hat, kann das berücksichtigen. Wenn der Rechner jedoch schon im Kinderzimmer eingezogen ist, wird es schwierig, das wieder rückgängig zu machen. Deshalb ist es hilfreich, sich vor Neuanschaffungen ein paar Gedanken über den Standort zu machen.

In Broschüren vom Bundesfamilienministerium oder von Beratungsstellen wird einstimmig geraten, sich dafür zu interessieren, was Sohn oder Tochter im Internet treiben. Von den Müttern in meinem Umfeld und in meiner Beratung höre ich aber immer das Gleiche: Wir tun uns unglaublich schwer damit, uns über Job, Haushalt und Schulaufgabenbetreuung hinaus auch noch für lärmende Autorennen zu interessieren oder bei FIFA die Karriere von Marco Reus durchzuspielen. Mir geht es genauso. Ich gestehe, dass ich nur einmal an der Playstation ein Auto gelenkt habe. Der Schlitten landete nach wenigen Metern mit Totalschaden in der Leitplanke. Seither habe ich mehr Respekt davor, welche Geschicklichkeit das Spiel an einer Konsole erfordert. Und bei dem Computerspiel „Minecraft", in dem die Mitspieler gemeinsam ganze Welten erschaffen, habe ich mir gerne die Villen angeschaut, die Kronprinz auf Bergrücken oder in Baumwipfeln errichtet hat. Im „World Wide Web" aber im Bilde bleiben zu können, was Teenager dort treiben, halte ich für unrealistisch. Man kann gelegentlich Anteil daran nehmen: „Das ist ja grafisch schon toll gemacht." – „Was macht dir daran Spaß?" – „Huch, jetzt fliegt der aus dem Auto." – „Ganz schön spannend, aber auch heftig." – „Wie? Wir sind schon eine halbe Stunde dabei? Ein ganz schöner Zeitfresser, dieses Spiel!" Dabei sollte man ehrlich äußern, was man empfindet, aber nicht pauschal abwerten. Sätze wie „Ach, immer diese blöden Ballerspiele!" sind wenig hilfreich.

Eltern, die sich Sorgen darüber machen, ob der hauseigene Nerd zu sehr ins Digitale abdriftet, können Spielzeiten am Computer davon abhängig machen, ob Zeit auch in andere Hobbys, Sport und Kontakt zu Freunden investiert wird und es in der Schule einigermaßen läuft. Unter „einigermaßen" verstehe ich persönlich ein Zeugnis mit einem Dreierschnitt.

Wenn Familienmitglieder übermäßig viel am Smartphone hängen, kann es helfen, in der Wohnung einen Platz einzurichten (Korb, Tablett oder Ähnliches), an dem alle Handys und Smartphones der Familie „geparkt" und auch aufgeladen werden können. Zum Beispiel während des gemeinsamen Essens oder Spielens. Das hilft Eltern, ihre Vorbildfunktion wahrzunehmen. Denn wenn ihres dort liegt ...

„Medien" sind ein Reizthema in Familien. Es folgt direkt hinter „Lernen" und „Aufräumen" und bringt viel Ärger und Frust mit sich. Lasst euch nicht unterkriegen, wenn es eine Zeit lang immer wieder Streit darüber gibt. Teenager sind zwar genervt, wenn wir mit dem Thema kommen. Gleichzeitig spüren sie, dass es uns nicht egal ist, was sie so treiben. Sie spüren, dass *sie* uns nicht egal sind.

Zur Entlastung kann man gelegentlich das Extrem erlauben. Gebt Jugendlichen, die 14 Jahre und älter sind, auch mal die Möglichkeit, zum Beispiel am Wochenende eine „Gamer-Party" zu veranstalten oder eine Nacht durchzuspielen. Wer von Zeit zu Zeit die Regeln aufhebt, hat es im Alltag danach wieder leichter, auf ihre Einhaltung zu pochen.

Wer konkrete und technische Hinweise zum Kinder- und Jugendschutz wünscht, findet auf der Seite des Bundesministeriums für Familie, Senioren, Frauen und Jugend (BMFSFJ) zum Beispiel folgende Links:

www.schau-hin.info mit Empfehlungen für kindgerechte Filme, Apps und Seiten, mit Online-Angeboten für das Lernen zu Hause und Empfehlungen für Bildschirmzeiten je nach Alter.

Unter www.schau-hin.info/grundlagen/ist-mein-kind-reif-fuer-ein-smartphone gibt es eine Checkliste, die euch hilft zu entscheiden, ab welchem Reifegrad es sinnvoll ist, für euer Kind ein Smartphone anzuschaffen.

Die Broschüre „Gutes Aufwachsen mit Medien", die man über die Seite des Bundesfamilienministeriums bestellen oder herunterladen kann, bietet praktische Hilfen für Eltern und pädagogische Fachkräfte.

Unter www.chatten-ohne-risiko.net/tipps/ finden Jugendliche Tipps zum sicheren Chatten.

Die sieben wichtigsten Punkte zum Thema „Mediennutzung in gesunde Bahnen leiten – wie geht das?":

1 **Kein Tablet oder Smartphone in die Hände von Kleinkindern!** Dass ein Kleinkind auf einem Tablet oder Smartphone spielt, sollte die absolute Ausnahme bleiben. Sein Gehirn wird dadurch betäubt, nicht angeregt.

2 **Kinder unter zehn Jahren nicht allein ins Internet lassen.** Kindern im Grundschulalter nur ein Handy geben, mit dem sie nicht ins Internet kommen, und am Rechner ausschließlich zusammen surfen oder etwas anschauen.

3 Wie die Oma aus der Geschichte zeigt: Erziehung geht nur **auf Grundlage einer funktionierenden Beziehung.** Für einen guten Draht zum Kind sorgen und im Gespräch bleiben, egal ob es um Mediennutzung geht oder um welches Thema auch immer.

4 **Computerzugang für das Kind in Gemeinschaftsräumen.** Kindern ab zehn Jahren den Zugang zu einem Rechner ermöglichen, der im Wohnzimmer oder in der Küche steht, sodass Eltern eine größere Chance haben mitzubekommen, was das Kind daran macht. Gut, wenn man es schafft, einen eigenen Rechner für den Teenager erst mit etwa 15 Jahren in sein Zimmer einziehen zu lassen.

5 **Sich für das Computerspiel des Kindes interessieren und** sich erklären lassen, was ihm daran so gefällt.

Ruhig mal erlauben, dass am Wochenende oder in den Ferien exzessiv gespielt wird, dann hat man es zu anderen Zeiten leichter, auf die Vereinbarungen zu pochen.

6 **Auf Hobbys und Freundschaften Wert legen.** Darauf achten, dass das Kind ein anderes Hobby hat oder Sport treibt, Freundschaften pflegt und die Schule einigermaßen läuft. Im Urlaub mal in eine Gegend fahren, in der es kein Netz gibt.

7 **Ab etwa 15 Jahren Geräte nicht wegnehmen.** Das wäre übergriffig. In dem Alter ist die Internetnutzung des „Kindes" wesentlicher Bestandteil seiner Jugendwelt, seines sozialen Austausches und mittlerweile auch seiner Schularbeiten. Wer sehr besorgt ist, sollte das Gespräch suchen: „Ich mache mir Gedanken über ..." – „Mir ist aufgefallen, dass du ...", und herausfinden, ob ein hoher Medienkonsum dem Jugendlichen als Flucht dient oder er dabei ist, sich eine Karriere als YouTuber oder Profigamer aufzubauen.

Ist die Pubertät wirklich so schlimm?

Alle Eltern fürchten die Pubertät. Aber muss es so schlimm kommen? Was hilft uns Erwachsenen, sich besser auf eine Zeit einzustellen, in der sich unsere Kinder von uns lösen müssen, uns aber trotzdem brauchen?

Auf meinem Schreibtisch liegen sieben Zettel, auf die ich mit dickem Filzstift die wichtigsten Punkte geschrieben habe: interessierte Fragen stellen, zuhören, eigene Angelegenheiten von denen des Kindes trennen, das Eltern-Ego im Zaum halten, vertrauen, Glücksmomente erschaffen und Rücken kratzen. Beginnen wir mit dem Einfachsten:

Rücken kratzen

Vieles entspannt sich im Umgang mit Teenagern, wenn wir für mehr Körperkontakt sorgen. Es ist mir manchmal peinlich, wenn unsere großen Kinder immer noch gekratzt oder gestreichelt werden wollen, besonders wenn andere Menschen, die Großeltern oder gute Freunde dabei sind. Ich hielt es schon für einen familiären Spleen, wenn Socken ausgezogen und uns Eltern die Füße zum Massieren hingehalten wurden. Aber es hilft. In jeder Beziehung.

In Steve Biddulphs Buch „Das Geheimnis glücklicher Kinder" gibt es eine Grafik[72], die einen erschreckenden Mangel an Körperkontakt besonders bei Teenagern aufzeigt. Als Babys wurden sie geknuddelt, man hat mit ihnen geschmust und sie herumgetragen. Dann folgt der erste schwere Einbruch in der „Menge-an-Körper-Kontakt"-Kurve, sobald ein Geschwisterkind geboren wird. Jetzt knuddeln alle das kleinere Kind und der oder die Große muss vernünftig sein, soll Bücher oder Filme anschauen und sich selbst kratzen. Der rapide Absturz in der Häufigkeit von Hautkontakten findet seinen Tiefpunkt mit 13 oder 14 Jahren und hält sich konstant in diesem Jammertal, bis die erste Freundin oder der erste Freund auftaucht. Zugegeben: Ein Teenager kann stachelig sein wie ein Kaktus und man könnte den Eindruck gewinnen, man dürfe als Eltern nicht mal in seine Nähe kommen, geschweige denn ihn berühren. Doch der Eindruck trügt. „Teenager bewegen sich wie die Gezeiten. Sie kommen und gehen. In einem Augenblick sind sie noch unabhängig, im anderen wollen sie gefüttert und umsorgt werden."[73]

Und nicht nur umsorgt, sondern auch gestreichelt, massiert oder gekratzt. Mir war nicht klar, dass gerade Teenager eine solche Zeit der Liebkosungsdürre erleben müssen. Die Kleinen überschütten wir mit Zärtlichkeiten und wir Erwachsene erfahren in Partnerschaften – zumindest in den ersten Monaten oder Jahren der Beziehung – fast wieder so viel Berührung wie ein Baby. Zwischendurch aber, wenn sie nicht mehr Kind, aber auch noch nicht erwachsen sind, fehlt es den Jugendlichen an körperlicher Nähe zu ihren Liebsten.

Eltern zerbrechen sich so sehr den Kopf über die richtige Erziehung, über Grenzen, die sie setzen wollen oder vielleicht sollten. Viele reden in einem fort auf ihre Kinder ein, dozieren wortreich, was sie tun oder lieber lassen sollten. Dabei ginge das Zusammenleben leichter mit ein wenig Zärtlichkeit. Möglichkeiten gibt es viele: Grundschulkinder auch mal wieder zum Vorlesen auf den Schoß nehmen,

Buchstaben oder Bilder auf den Rücken malen und erraten lassen, sich beim Gute-Nacht-Sagen auf die Bettkante setzen und den Arm streicheln, bei Teenagern Füße massieren, Beine oder den Rücken eincremen (zur Not unter Vorwand: „Mir ist aufgefallen, dass deine Haut ganz trocken ist!"), beim Filmeschauen die Haare bürsten, den Nacken kraulen, zwischen den Schulterblättern kratzen und verschwenderisch sein mit Umarmungen. Das Schöne bei Berührungen ist ja, dass es wechselseitig funktioniert. Auch der, der streichelt, entspannt sich.

Nun gibt es Eltern, die sich so sehr in Kleinkriegen mit ihren Halbwüchsigen verzetteln, dass diese lieber Schneckenschleim auf ihre Haut lassen würden als eine Berührung von Mama oder Papa. Was ist da schiefgelaufen? Was könnte helfen?

Interessierte Fragen stellen

Mein wichtigstes Handwerkszeug ist die Frage. Nicht nur als Coach, sondern auch als Mama. Jugendliche sind häufig Vorträgen und fertigen Konzepten ausgesetzt. Zu Hause und in der Schule. Sie sind es leid, ständig Antworten zu hören auf Fragen, die sie gar nicht gestellt haben. Will wirklich niemand wissen, wie es ihnen geht und welche eigenen Antworten sie gerade für sich finden? Was weiß ich eigentlich über meinen Sohn oder meine Tochter? Habe ich mir die Zeit genommen, mal interessiert nachzufragen? Sind unsere Streitigkeiten über die schmutzige Pfanne vielleicht die Oberfläche eines ganz anderen Problems?

Viele Eltern werden einwenden: „Pah! Ich frage ständig, frage ihr Löcher in den Bauch nach der Schule und nach ihren Freunden, aber dann kommen nur patzige Antworten." Ich empfehle kein Verhör oder ein Bombardement misstrauischer Kontrollfragen, sondern echtes Interesse, wertfreies Zuhören und die Bereitschaft, langes Schweigen auszuhalten. So ein Gespräch, in dem ich wirklich erfahre, wie es meinem großen Teenager geht, ist ein Geschenk. Man kann es nicht erzwingen. Manchmal kommt es völlig unerwartet, wenn man zu zweit bei Halstenbek-Krupunder im Stau feststeckt oder das Haus der verstorbenen Oma ausräumt, an der verblichenen Tapete lehnt und Chili con Carne aus der Dose löffelt. So war es bei einer Freundin von mir.

Das Glück eines solchen Gesprächs kann ich nur erleben, wenn ich für Gelegenheiten sorge. Sobald wir uns aus dem Weg gehen und jeder nur noch sein Ding macht, verhält man sich wie jemand, der Weihnachten nicht zu Hause ist und sich wundert, keine Geschenke zu bekommen. Also sage ich: „Guck mal dieser Sternenhimmel! Hast du Lust auf eine kleine Nachtwanderung?" Oder: „Ich miete mir am Wochenende ein Cabriolet. Hast du Zeit für eine Spritztour?" – „Wollen wir auf den Verkehrsübungsplatz fahren und das Schalten üben?" Empfehlenswert ist auch: Joggen, Angeln, Wandern, Klettern, eine Kajaktour, zusammen eine Wand streichen, zusammen kochen und Fondue-Essen, weil sich das so schön in die Länge zieht.

Noch ein Aspekt, der zu beachten ist: Wenn ich einem Jugendlichen eine Frage stelle, zum Beispiel: „Kommst du mit zu Oma und Opa?", muss er das Recht haben, mit „Nein" zu antworten, sonst kann ich mir die Frage sparen oder es ist gar keine. Sollte eure Beziehung zueinander noch im Negativbereich dümpeln, werdet ihr auf eure Ausflugs- und Hobbyvorschläge erst einmal ein „Nein" kassieren. Gebt bitte nicht auf! Bleibt dran! Der Teenager ist vorsichtig. Er traut dem Braten nicht. Wenn er sich vor seinem inneren Auge mit euch beim Angeln sieht, erwartet er Vorträge über Zimmerordnung, das korrekte Abheften von Schulsachen und Sozialverhalten im Allgemeinen und Besonderen. Bleibt dran, wartet bis er einschlägt und zeigt, dass ihr die Vorwürfe lassen und zuhören könnt. Und ja, es ist normal, dass ihm das Treffen mit den Freunden wichtiger ist als das Familienessen beim Italiener. Wenn sein „Nein" sein darf, wird er umso beherzter bei nächster Gelegenheit „Ja" zu einem Vorschlag sagen, und ihr werdet die schönste Zeit miteinander verbringen.

Zuhören

Zu diesem Punkt ein Beispiel von Adele Faber und Elaine Mazlish, den beiden Kinder-Eltern-Kommunikationsexpertinnen von Long Island:

Ein Vater sitzt im Wohnzimmer, als seine Teenager-Tochter Holly hereinkommt und aufgebracht erzählt, dass ihre Sportlehrerin sie heute in der Schule angeschrien hätte. Nach der Teilnahme an einem Workshop von Faber und Mazlish war der Vater zu folgender Reaktion fähig:

Holly: „Sie hat mich angeschrien."

Vater: „Sie war richtig sauer."

Holly: „Sie schrie: ‚So schlägt man den Ball nicht beim Volleyball. So macht man es!' Wie sollte ich das wissen? Sie hat uns nie gesagt, wie man ihn genau schlägt."

Vater: „Du warst wütend auf sie wegen ihres Geschreis."

Holly: „Sie hat mich ärgerlich gemacht."

Vater: „Es kann frustrierend sein, wenn einen jemand grundlos anschreit."

Holly: „Sie hatte kein Recht dazu!"

Vater: „Du hast den Eindruck, sie hätte dich nicht anschreien dürfen."

Holly: „Nein. Ich bin zornig auf sie, ich könnte auf ihr rumtrampeln ... Ich möchte Nadeln in eine Puppe von ihr stecken und ihr Leid zufügen."

Vater: „Sie an den Daumen aufhängen."

Holly: „Sie in Öl kochen."

Vater: „Sie aufspießen."

„An diesem Punkt", berichtete der Kurs-Teilnehmer, „begann Holly zu lachen und ich auch."

Der Vater freute sich, dass sie diesmal nicht in ihr Zimmer rannte und die Tür zuschlug, was sonst häufig passierte. Stattdessen lachten sie zusammen, der Ärger war verflogen und das Vater-Tochter-Verhältnis wieder ein bisschen inniger.[74]

Eigene Angelegenheiten von denen des Kindes trennen

Unser Fliesenleger ist nicht zufrieden damit, wie sein Sohn das Studium angeht. „Teilchenphysik?", schnaubt er, als ich mich nach seinen Kindern erkundige, „er könnte doch erst einmal kleinere Brötchen backen. Das ist typisch für Lasse: große Klappe, nichts dahinter. Aber meine Frau und ich haben ihn jetzt mal auf den Topf gesetzt. Wir wollen, dass er zuerst seine Scheine in den Grundlagenfächern macht."

Auch mein Zahnarzt weiß wenig Gutes von seinem Sohn zu berichten. Der Junge, 16 Jahre alt, würde den halben Tag auf dem Bett liegen, am Rechner spielen oder chatten. „Wenn ich vorschlage, er könnte Sport treiben oder sich im wirklichen Leben mit seinen Freunden treffen, brummt er nur: ‚Kein Bock!'."

Auch ich habe Ideen, was unsere Kinder in ihrem Leben anders machen könnten. Ich weiß es besser. Ist ja klar!

Prinzessin könnte ihr Zimmer öfter aufräumen, die Wäsche zweckmäßiger sortieren und an die kahle Wand endlich ein Bild hängen. Kronprinz, der fünf Zugstunden von uns entfernt ein Studentenleben führt, sende ich Artikel über effektiveres Lernen, am Telefon falle ich ins Dozieren darüber, wie wichtig genug Schlaf, Sport und Vitamin B6 sind.

Wir lieben unsere Kinder und weil das so ist, haben wir schnell ein Konzept zur Hand, wie sie zu leben haben. Sogar, wenn wir selbst nicht zum Bersten glücklich sind, führen wir uns auf, als hätten wir einen Lehrauftrag zum Thema „Beste Lebensführung für Anfänger".

Einem solchen Lehrauftrag scheint sich auch der Elternratsvorsitzende unseres Gymnasiums verpflichtet zu fühlen: „Herr J. ergänzt", heißt es im Protokoll der letztjährigen Elternratssitzung zum Thema „Erziehungskonflikte", „dass die Pubertät auch wie eine besondere ‚Krankheit' betrachtet werden könne. Es gäbe eine Reihe von Symptomen und es würde nur helfen, mit Gelassenheit abzuwarten, bis die ‚Krankheit' vorüber sei."

Interessant.

Lieber Herr J., mit ihrem „Erziehungstipp" beschreiben Sie ein Elternverhalten, das meiner Erfahrung nach der häufigste Grund für destruktive Konflikte zwischen Eltern und Jugendlichen ist. Ich versuche mal zu formulieren, wie es sich für einen Jugendlichen anfühlen muss, dessen Vater ihn als vorübergehend krank betrachtet:

„In deinen Augen bin ich also krank. Und die Rückmeldung, die ich dir dazu gebe, wie ich mich gerade fühle in der Schule, mit dir in der Familie oder mit der Trennung von meiner Freundin, ist zu ignorieren wie ein lästiger Schnupfen? Und die Konflikte, die wir beide miteinander haben, die haben wohl nur mit mir zu tun und in keiner Weise mit dir! Ich allein bin also Schuld an dem Stress zu Hause!? Du, der du chronisch überarbeitet bist, deinen Bierbauch nicht wegbekommst, kaum noch schöne Zeit mit Mama hast … du bist also gesund und ich bin krank. Interessant! Ich soll mehr für die Schule tun, damit ich einen Job bekomme wie du, eine Stelle, die du nicht wirklich magst und auf der du schon das eine oder andere Mal knapp am Burn-out vorbeigeschlittert bist. Ich soll mehr lernen, damit ich in deine Fußstapfen treten kann? Lass mal deine Vorträge! Ich komme zurecht. Ihr zieht euren Stiefel durch und hofft, dass ich mir demnächst eure Stiefel anziehe und euer Leben lebe. Nein, danke! Das, was ich sehe, reicht mir. So richtig pralle gut geht es euch doch gar nicht. Wenn euch jemand nach eurem Befinden fragt, kommt schnell eure Antwort: ‚Muss, ja!' Oder: ‚Könnte schlechter sein!' Ganz ehrlich: Das finde *ich* krank. Und ich kann nicht einmal die Hoffnung haben, dass es bald vorüber ist. Denn an Pubertätshormonen kann es bei dir nicht mehr liegen. Willst du mir Pillen verabreichen und vor dem Fernseher abwarten, bis die Symptome verklungen sind, oder bist du bereit, auch dein Verhalten mal zu hinterfragen?"

Vor der Elternbesserwisserei, die der Jugendliche hier beklagt, sind wir gut geschützt, wenn wir unsere Angelegenheiten säuberlich von ihren zu trennen lernen. So könnte der Fliesenleger vom Kapitelanfang zu seinem Sohn sagen: „Wir können dir für deine Ausbildung das Budget x zur Verfügung stellen. Darüber haben Mama und ich gesprochen. Daran ist nicht zu rütteln. Wie du das einsetzt, wie du dein Studium gestaltest und welche Scheine du machst, ist natürlich deine Sache."

Mein Zahnarzt könnte eine gute Gelegenheit abpassen und seinem 16-jährigen Sohn ein paar interessierte Fragen stellen. Aber wann und welchen Sport der Junge treibt, ist natürlich seine Sache. Und wenn meine Tochter ihr Zimmer nicht aufräumt, ist das ihre Angelegenheit. Wenn sie aber Sachen im Wohnzimmer herumliegen lässt, betrifft das die Gemeinschaft. Diese Sachen wandern bei uns unsortiert in einen großen Korb mit Deckel. Wer etwas vermisst, kann da suchen. Mit dem eigenen Zimmer ist aber respektvoller umzugehen. Wenn ich nur verkünde: „Das Zimmer meiner Tochter ist ihre Angelegenheit!", aber den Raum kontrolliere, abschätzige Bemerkungen fallen lasse, darin herumschnüffle, denke: „Jetzt haben wir so einen schönen Schrank gekauft und wie sieht es jetzt darin aus?", wird es wenig helfen. Ich muss das Thema „Chaos in ihrem Zimmer" *wirklich loslassen*, sonst funktioniert die Unterscheidung zwischen Gemeinschaftsbereichen und eigenem Territorium nicht. Wenn ich den Bereich des Jugendlichen nicht zu hundert Prozent respektiere, wird der Jugendliche auch meinen nicht respektieren, und wir geraten in solch blöde „Wie-du-mir-so-ich-dir-Spielchen". Es wird zwar nicht ausgesprochen, aber es ist genau der Mechanismus.

Nicht immer verlaufen die Grenzen zwischen den Angelegenheiten der einen und der anderen Person so klar, wie die Wand zwischen zwei Zimmern. Es ist aber in jedem Fall hilfreich, sich als Eltern im Konfliktfall folgende Frage zu stellen: Ist das wirklich meine Angelegenheit oder bin ich gerade übergriffig? Oft sind Gespräche nötig, in denen jede „Partei" ihre Bedingungen benennt.

Du möchtest am Wochenende fünf Freunde bei uns übernachten lassen? Gerne. Uns ist wichtig, dass alle einen Schlafsack mitbringen und dass ihr ab 24 Uhr leise seid.

Du möchtest eine Party machen? Einverstanden, wenn ihr vorher den neuen Teppich in den Keller räumt und niemand harten Alkohol mitbringt.

Du möchtest mein Fahrrad ausleihen? Das geht klar. Ich brauche es heute nicht. Mir ist nur wichtig, dass du es mit dem Sicherheitsschloss anschließt.

Du möchtest einen Sprachkurs im Ausland machen? Schöne Idee. Bitte informiere dich über Kosten und mögliche Termine. Wir sprechen dann am Wochenende darüber.

Wichtig ist, dass ich mich mit meinen halbwüchsigen Kindern zwar über ihre Pläne austausche, es sie aber selbst in die Tat umsetzen lasse. Über ihre ureigenen Belange müssen sie selbst bestimmen dürfen: die Wahl ihrer Schulfächer, wie viel sie schlafen, was sie essen, welche Freunde oder Partner sie wählen.

Wenn wir unsere Sorge um die Kinder gelegentlich kritisch unter die Lupe nehmen, werden wir feststellen, dass es oft um uns selbst geht. Um die Anerkennung, die wir uns über unsere Kinder holen wollen, um unsere Fehler, die sie nicht wiederholen sollen, und um Versäumtes, das sie für uns nachholen könnten ... Womit wir beim nächsten Punkt sind:

Das Eltern-Ego im Zaum halten

Etwa ein Jahr vor seinem Abitur habe ich an Kronprinz (zu der Zeit 17 Jahre) herumgenörgelt, weil ich der Meinung war, er könnte sich mehr Mühe geben, einen Job zu finden. Im Kopf jagten einander folgende Gedanken: „Wir Eltern haben jede Menge Ausgaben und er soll mal sehen, wie hart das alles erarbeitet ist, und ich habe ja damals nach dem Abi Vasen geschrubbt in einem Blumenladen und es hat niemanden interessiert, dass die ganze Haut sich schälte (jammer, schnief), und das Geld fällt ja nicht vom Himmel und von wegen ‚High Life in allen Gassen‘ ... "

Wenn man eine derartige Meinung hat, ist das, als trüge man eine Brille mit farbigen Gläsern auf der Nase. Man sieht alles durch diesen Filter. Leider meist in den Farben Grau und Schwarz.

„Er vergisst, das Katzenklo sauber zu machen? – Typisch! Keine Disziplin. Er wird schon sehen, im Job funktioniert das nicht." – „Er möchte etwas kaufen, was ich nicht für nötig halte? – Da haben wir es mal wieder. Er denkt wohl, das Geld liege auf der Straße." – „Er überschlägt sich nicht vor Freude, als ich ihm von dem Minijob-Aushang bei Aldi erzähle? – Das habe ich mir gleich gedacht. Er ist sich wohl zu schade für den Discounter." – „Er findet Kleingeld im Portemonnaie lästig? – Wer den Cent nicht ehrt, …"

Durch den Filter sah ich nur, was zu dem Bild passte, das ich mir von dem anderen Menschen gemacht hatte. So war ich also unterwegs. Und dann wunderte ich mich, wenn er bei dem kleinsten harmlosen Satz von mir gereizt reagierte. Das kenne ich auch von anderen Eltern. Häufig klagen sie: „Ich habe nur ganz neutral gesagt, er/sie könnte doch mal wieder zum Frisör gehen, dies oder jenes tun … und schon hängt er/sie an der Decke. Typisch Pubertier!"

Der Grund ist: Sie reagieren auf unseren Filter, nicht auf das, was wir sagen. Und ihr könnt euch darauf verlassen, dass gerade die Heranwachsenden in ihrer fieberhaften Suche nach sich selbst den Filter als erstes bemerken. „Ich habe doch bloß ganz sachlich festgestellt, dass manche Menschen hundert Bewerbungen abschicken, bis sie einen Job bekommen …" Nein, Uta, hast du nicht! Du misstraust ihm. Das ist der Punkt.

Mir ist aufgegangen, dass das eigentlich mein Thema ist, dass ich es schwer finde, Geld zu verdienen oder ein angemessenes Honorar für meine Arbeit zu verlangen. Und deshalb traktiere ich meinen Sohn mit der Botschaft: Du sollst jetzt auch mal erfahren, wie schwer das ist. Soll er? Nein! Es darf leicht für ihn sein. Wie komme ich dazu, ihm mein Thema überzustülpen?

Damals habe ich mit ihm gesprochen und mich entschuldigt. Ich habe ihm gesagt, dass die atmosphärischen Störungen an mir lagen und dass es mir leidtue. Ich habe ihm gesagt, dass ich ihm vertraue und sicher bin, dass er einen Job finden und im Leben seinen Weg gehen wird. Es folgte eine innige Umarmung und ein tolles Gespräch über alles Mögliche. Auf dem Blog notierte ich: „Jetzt ist der Filter weg. Was das ausmacht! Wir haben es seitdem wieder so schön miteinander. Und seit dem vergangenen Wochenende hat er einen Job."

Nicht nur die Filter sind hinderlich, sondern auch unsere Neigung, als Eltern von einem Extrem ins andere zu kippen. Erst unterstützen wir sie viel zu viel, schreiben ihnen das Referat für Geschichte fertig, besorgen eine nette Bluse oder einen Praktikumsplatz. Wenn dann aber die Wertschätzung für unser elterliches Engagement ausfällt (meist ein Engagement, um das sie gar nicht gebeten haben), sind wir beleidigt und entziehen gänzlich die Unterstützung. „Sieh zu, wie du allein zurechtkommst." – „Wer nicht hören will, muss fühlen." – „Das Leben wird dir deine Lektion schon erteilen." Solche Sätze haben wir im Köcher und schießen sie allzu häufig ab. Und von übergroßer, ja oft übergriffiger Unterstützung kippen wir ins andere Extrem: Wir lassen sie allein.

Auch jüngere Kinder bekommen das schon zu spüren. So schreiben Katja Seide und Danielle Graf in ihrem Buch über die Jahre fünf bis zehn: „Sollten Sie Verantwortung an Ihr Kind zurückgeben wollen, weil Sie den ewigen Kampf darum leid sind und gleichzeitig Gedanken haben wie ‚Es wird schon sehen, was es davon hat!', dann wird das Experiment vermutlich scheitern. Kinder haben einen sechsten Sinn für derartige heimliche Agenden – sie wecken in ihnen unbewusst Widerstand. Sie werden sehenden Auges in ihr eigenes Unheil rennen, nur um Ihnen nicht die Genugtuung zu geben, zu gewinnen. [...] Es gibt Eltern, die mit steinerner Miene neben ihrem weinenden Kind mit urinnasser Hose stehen und ‚Selbst schuld!' erklären. Sie hatten ihm schließlich gesagt, es solle vorher nochmal aufs Klo. [...] Das sind eigentlich liebende Eltern – aber gefangen in ihrer Kränkung."[75]

Zwei Phänomene habe ich jetzt beschrieben: zum einen, dass wir uns über unser Kind aufregen, weil unser Streitpunkt einen eigenen wunden Punkt berührt (Überzeugung, Geld verdienen ist hart), zum anderen, weil wir uns nichts sehnlicher wünschen als Anerkennung für unsere Eltern-Mühen und gekränkt sind, wenn diese Anerkennung ausbleibt. Letztlich sind das Ego-Spielchen, die wir alle spielen. Wenn wir zumindest einen Teil davon bleibenlassen können, haben wir es sehr viel schöner miteinander. Wir können uns aufrichtig fragen: Geht es mir wirklich um mein Kind oder vielleicht auf einer tieferen Ebene um mich und um meinen Selbstwert als Mama oder Papa? Betrachte ich mein Kind als Erweiterung meiner selbst oder als eigenständiges Wesen? Ist es wirklich wahr, dass ich aus Liebe handele und es ja nur gut meine, oder spielt es auch eine Rolle, dass ich bei anderen mit meinem Kind einen guten Eindruck machen möchte? Kann ich vielleicht aufhören mit Sätzen wie: „Mach du nur! Du wirst schon sehen, was du davon hast, wenn du nicht auf mich hörst."? Und lieber sagen: „Ich liebe dich, ich vertraue dir und wenn ich etwas tun kann, um dich auf deinem Weg zu unterstützen, sag Bescheid."

Vertrauen

Wenn ihr ältere Kinder habt, dann sind sie abends und nachts immer häufiger unterwegs. Ihr wisst nicht so genau, wen sie treffen, wo sie sind und was sie machen. Ihr fragt das alles vorher. Seid interessiert. Mit vielem einverstanden, mit manchem nicht. Stellt Bedingungen, gebt Taxigeld mit. Fragt euch, ob ihr mehr tun könnt. Wollt sie beschützen, aber nicht kontrollieren. Sie müssen doch auch Geheimnisse haben dürfen. „Hier noch ein Traubenzucker. Eukalyptus-Bonbon? Du darfst meinen blauen Schal leihen … Ja, den Guten." Und denkt: „Hauptsache warm."

Die Kerze in der Laterne vor der Haustür brennt. Das ist der Eltern-Leuchtturm. Hier geht es lang, ihr Kadetten da draußen! Hier ist euer Zuhause. Hier ist immer alles gut.

Vertrauen – das ist ein Schlüsselwort in meinen Eltern-coachings. Aber was hat es auf sich mit dem Vertrauen? Müssen sich Kinder das Vertrauen ihrer Eltern erst verdienen? Erst eine Weile erwünschtes Verhalten zeigen, damit das Vertrauen wächst wie das Guthaben auf einem Sparkonto? Und ist bei Fehlverhalten auf einen Schlag das ganze Guthaben weg? Liebe ist immer da. Aber Vertrauen, muss das erarbeitet werden?

Gordon Neufeld, der bekannte kanadische Kinder- und Jugendtherapeut, schreibt: „Nach dem Empfinden mancher Eltern ist Vertrauen nicht von der Grundmotivation abhängig, sondern vom Endergebnis. Sie sehen Vertrauen als etwas, das verdient werden muss, nicht als zu tätigende Investition. ‚Wie kann ich dir vertrauen', fragen sie vielleicht, ‚wenn du dich nicht an deine Versprechen hältst oder mich angelogen hast?'"[76]

Neufeld dagegen sieht Vertrauen als eine Investition, die Eltern in ihre Kinder tätigen. Eine Art Geschenk. Nicht etwas, das vorher verdient werden muss. Zumindest bei den Menschen, die man liebt.

Wenn etwas nicht so gelaufen ist, wie ich mir das vor-gestellt habe, entziehe ich dann mein Vertrauen? Jetzt hat es ja keine Grundlage mehr, könnte man denken. Nein. Ich in-vestiere es neu. Ich sage ja auch nicht zu meiner Fahrradkette. „Du quietschst, obwohl ich dich eingeölt habe. Du verdienst mein Öl nicht, es gibt jetzt keines mehr." Nicht, dass ich mit meiner Fahrradkette reden würde. Nur so als Vergleich.

Mit dem Vertrauen ist es wie mit dem Glauben: Wenn ich Beweise brauche, um etwas zu glauben, ist es kein Glaube. Und wer meint, sich nur auf seine Kinder verlassen zu können, wenn immer alles glattläuft, ist ein blutiger Anfänger in Sachen Vertrauen.

Die Kinder, von denen wir in diesem Kapitel sprechen, verlassen in gar nicht allzu langer Zeit das Haus. Jetzt habe ich noch die Möglichkeit, ihnen beizustehen beim Erwachsenwerden, jetzt habe ich vielleicht noch zwei oder drei Jahre, mein Kind hautnah zu erleben, jetzt kann ich vielleicht der Mensch sein, der ihm vertraut wie kein anderer in dieser schwindelerregenden Zeit der Pubertät, mit dem "On" und „Off" von Beziehungen, mit den ganzen Prüfungen (Schule, Fahrschule, Job-Bewerbungen, Abitur...), mit den bis in die Tiefe gehenden Erschütterungen: „Wer bin ich, was kann ich wirklich und wohin soll mein Weg mich führen?" ...

Dass wir so eine schöne Zeit mit unseren Kindern hatten und noch haben, hängt eng zusammen mit dem großen Vertrauen meines Mannes in die beiden. Er hält Kronprinz und Prinzessin einfach für das Größte, was ihm je passiert ist. Wenn zum Beispiel ein Lehrer grundlegende Bedenken hatte, was die weitere Entwicklung eines unserer Kinder anging, war mein Mann – nach kurzer Prüfung – sicher, dass es der Pädagoge ist, der sich auf dem Holzweg befindet. „Was machst du eigentlich, wenn dein Vertrauen mal enttäuscht wird?", fragte ich neulich. „Dann klären wir das und dann vertraue ich wieder neu!"

Glücksmomente erschaffen

Mit Teenagern kann man sehr stressige Situationen erleben. Folgendes kleine Alltagserlebnis mit Kronprinz (damals 15 Jahre) hatte ich in meinem Tagebuch notiert, weil es gleichermaßen fordernd und beglückend war: „6.30 Uhr in Hamburg, minus 9,3 Grad Kälte, Dunkelheit, Geschichtsreferat. Nur noch spießige Shirts im Schrank, Duschgel leer. In der Seele eines männlichen Teenagers ist es das Grauen. Den Fuß lieber nicht setzen in das Wirrwarr aus Kopfhörer- und Aufladekabeln neben dem Bett, in das Wirrwarr neuer Anforderungen. Wieder einkuscheln gegen den Frost im Kopf. 7.15 Uhr. Minus 9,2 Grad Kälte. Frühstück im Stehen, Eltern anstrengend wach. Diese zur Schau getragene Disziplin! Schwester sitzt schon im Bus. Fünftklässler, typisch!

Soll Kronprinz die Konsequenzen spüren und zu spät kommen am Tag seines Referats? Da steht er, der Experte für ‚Der Zusammenbruch der Sowjetunion‘, übermüdet, Restfeuchte im Haar, sauer auf sich selbst. Ich stehe ihm gegenüber, ermüdet, sauer auf Kronprinz, Expertin für ‚Der Zusammenbruch der Konsequenz in der Erziehung‘.

Ich fahre ihn mit dem Auto. Das Gebläse überschlägt sich. Hinter uns zwei Busse der gleichen Linie. An der Haltestelle eine Traube von Eingemummten. Im Augenwinkel eine vertraute Kapuze. Vollbremsung. ‚Hol deine Schwester!‘ – ‚Aber sie steigt doch schon in den Bus!‘ – ‚Hol deine Schwesterrrrr!‘ Meine Stimme schneidig wie der Ostwind draußen.

Beide Kinder und Frieden im Auto. Satter Vorsprung vor dem Bus. An der letzten Kreuzung vor der Schule singt Lindenberg im Autoradio das Lied von der Cellistin. ‚Mit dir, das war so groß‘, raucht die Udo-Stimme, ‚das kann man gar nicht beschreiben.‘ Mit meinen Kindern, das ist so groß, denke ich. ‚Danke‘, sagt mein Sohn und bückt sich noch einmal in die offene Beifahrertür. ‚Ich weiß gar nicht, ob ich mein Brot eingesteckt habe.‘ – ‚Hast du … viel Glück beim ‚Zusammenbruch der Sowjetunion‘!“

Ja, ich hätte ihn spüren lassen können, dass man zeitig aufsteht, wenn man in der ersten Stunde ein Referat halten muss. Er hätte lernen können, zu hundert Prozent die Verantwortung für seinen Schulerfolg zu übernehmen. Lektion fürs Leben – schon erteilt vor dem ersten Kaffee im Morgengrauen. Das ist lobenswertes Elternverhalten. Keine Frage! Und auch wir waren konsequent und haben den Thronfolgern nicht jedes Hindernis vorauseilend aus dem Weg geräumt. Aber im Leben mit Kindern (und auch sonst) lohnt es sich, das Erzieherische mal außen vor zu lassen, die täglichen Abfertigungsrituale anzuhalten und dankbar zu sein, dass dieses Kind in meinem Leben ist. So schafft man weniger Punkte auf Erledigungslisten, aber warme Momente voller Liebe und Glück.

Der große Lehrmeister der Mediation, Jon Kabat-Zinn, hat mit seiner Frau Myla ein Buch über Achtsamkeit in der Familie geschrieben. Darin schildert er, wie ihr 19-jähriger Sohn in der Nacht nach Thanksgiving um 1.30 Uhr vom College nach Hause kommt. Er hatte abends angerufen und Bescheid gesagt, dass er zum Festessen nicht zu Hause sein würde. Sein Vater hatte sich darüber geärgert, sich aber dann ein Herz gefasst und gesagt, er möge sie doch ruhig wecken, wenn er angekommen sei. So stürmte der große Kerl mitten in der Nacht die Treppe hinauf, schmiss sich quer auf das große Bett seiner Eltern, umarmte sie und blieb noch eine Weile selig liegen.[77]

Jon schreibt dazu: „Solche Augenblicke machen den Segen und die Freude aus, die wir Eltern erleben können, wenn wir es nicht selbst verhindern, so wie ich es an jenem Tag fast durch meine anfängliche Verärgerung getan hätte. Ebenso leicht können solch glückliche Augenblicke vorübergehen, ohne dass wir sie überhaupt bemerken. Doch was ist das Besondere an ihnen? Spüren wir nur bei der ersten Heimkehr aus dem College, bei der Geburt, beim ersten Wort oder beim ersten Schritt eine so tiefe Verbindung zu unseren Kindern? Oder sind solche Augenblicke häufiger, als wir vermuten? [...] Meine Erfahrung ist, dass es solche Augenblicke im Überfluss gibt. Nur gehen sie leicht unbemerkt und ohne, dass ich ihren Wert erkenne, vorüber, wenn ich nicht wach genug bin, sie zu sehen."[78]

Die Elternklage, dass sich ihre heranwachsenden Kinder von ihnen abwenden, ist weit verbreitet. Bücher, die das „Pubertier" im Titel führen, scheinen ihnen darin Recht zu geben. Und unter Teenager-Eltern beklagt man sich ausgiebig über die hormongesteuerten Aliens im eigenen Haus. Dabei sind es häufig wir Erwachsenen, die – wie Jon Kabat-Zinn es schreibt – die innigen Momente verhindern und auf Abstand gehen. Die Verantwortung für die Stimmung zu Hause haben aber weiterhin die Erwachsenen: Mein Partner und ich haben diese Gemeinschaft, die sich Familie nennt, gegründet und die Stimmung geprägt. Und ich tue es auch dann noch, wenn mich mein Kind irgendwann überragt, in seinem Brustkorb ein veritabler Bass vibriert und er besser Auto fährt als ich. Natürlich bin ich nicht an allem schuld und natürlich gibt es viele Bereiche, für die mein Kind die Verantwortung trägt und tragen sollte. Aber wenn sich mein Sohn oder meine Tochter mir gegenüber respektlos benimmt, dann ist das mein Echo. Wann oder wo habe ich ihre Grenzen überschritten? Wann war ich respektlos ihnen gegenüber? Die meisten Eltern zählen mir dann auf, was sie alles (meist ungebeten) für ihre Kinder getan haben und wie ungerechtfertigt der Verdacht sei, sie könnten sich respektlos verhalten haben. Es geht nicht darum, was sie geholfen und unterstützt haben, sondern darum, ob ich meinem heranwachsenden Kind den Raum gebe, der Mensch zu sein, der er oder sie sein möchte. Ärgerlicherweise ist dieser Mensch nicht deckungsgleich mit mir selbst.

Unser Sohn, der mit dem Geschichtsreferat im Morgengrauen, ist der Pubertät längst entwachsen. Wie Jon Kabat-Zinn und seine Frau erleben wir schöne Heimkehrmomente, wenn er alle paar Wochenenden von der Uni nach Hause kommt.

Wisst ihr, was ich liebe? In Hamburg-Altona am Bahnsteig zu stehen und zwar am Kopf des Bahnhofs, auf den alle Gleise zulaufen. Links und rechts und in der Mitte fahren Züge ein, Menschen steigen aus, kleine Rollkoffer rattern über die Fugen der Steinplatten. Ich stehe da und teile den Strom der Menschen wie ein großer Findling das Wasser in einem Bach. Die einen tauchen ab in den Untergrund, die anderen streben rechts und links den Ausgängen zu. Der Strom wird schwächer, es tröpfelt nur noch. Zugbegleiter haben Feierabend, geben sich gegenseitig Feuer in den Raucher-Arealen, halten ein letztes Schwätzchen. Und dann kommt noch ein Intercity. Eine Leuchttraupe arbeitet sich aus dem schwarzen Horizont heraus, legt sich in die letzte Kurve, wird ein großer Zug, entscheidet sich für ein Gleis, kommt quietschend zum Stehen. Neue Menschen reichen dem Bahnsteig ihr Gepäck. Und hinten aus dem Dunkel, wo es für lange Züge nicht mehr reicht für Dach und Lampen, erscheint ein junger Mann, den ich kenne. Eine Segeltuchtasche hängt quer über den breiten Schultern, große Schritte in Sneakers lassen ihn schnell Raum gewinnen. Ich winke, in jeder Pore Liebe, ganz warm. War dieser große Kerl mal in meinem Bauch? Stand ich nicht gerade erst schwanger an der Alster und dachte: „Das wird wunderbar mit dir, du kleiner Mensch!"? Und nun – viele innige Momente später – nimmt er mich in den Arm, zappeln meine Füße kurz glücklich in der Luft, setzt er mich wieder ab. Ich überreiche ihm den Autoschlüssel. Unser Sohn ist wieder in der Stadt.

Die sieben wichtigsten Punkte zum Thema „Ist die Pubertät wirklich so schlimm?":

1 Rückenkratzen, den Nacken kraulen, die Füße massieren ... **Streicheleinheiten tun Teenagern gut** und sorgen für ein entspanntes Miteinander.

2 **Interessiertes Nachfragen** verbessert das Verständnis zwischen Eltern und Heranwachsenden. Weiß ich, wie es meinem großen Kind gerade wirklich geht?

3 **Gutes Zuhören schafft Nähe.** Wenn ich mich bemühe, die Wut oder Traurigkeit zu verstehen, statt gleich Antworten oder Vorschläge parat zu haben, ist das sehr entlastend für den Jugendlichen.

4 Sich im Konfliktfall immer fragen: **Ist das wirklich meine Angelegenheit,** worüber wir uns gerade streiten? Aus Sorge werden Eltern schnell übergriffig.

5 Zuweilen sehen wir den Teenager **wie durch einen Filter.** Deshalb sollte ich mich fragen, ob das Bild stimmt, das ich von ihr oder ihm habe, und inwiefern mir mein **eigenes Ego im Weg** steht.

6 **Vertrauen ist ein Geschenk.** Eltern glauben häufig, der Jugendliche müsste es sich verdienen, und versäumen auf diese Weise, ihn wirklich zu ermutigen.

7 Weniger Erziehung und **mehr Achtsamkeit für die schönen Momente** mit unseren kleinen und großen Kindern führen zu einem erfüllenden Familienleben.

Partnerschaft –
wie schaffen wir es,
sie nicht zu vernachlässigen?

Am Anfang ist man zu zweit, hat irgendwann Träume von Kindern mit braunen Smarties-Augen und einem Nacken voller Locken, das unverschämte Glück, sie zu bekommen, ist zu dritt, zu viert, dann noch Katzen, kann zwei Jahrzehnte lang aus unterschiedlichen Gründen nicht gut schlafen, weil die Kinder nachts zu einem ins Bett krabbeln, die Katzen von draußen nicht zurückkommen, die Kinder es ihnen irgendwann gleichtun, bis zum Frühstück unterwegs sind, schließlich ausziehen, und dann ist es wie „zurück auf Los". Man ist wieder zu zweit, hat irgendwann Träume … Ja, wovon eigentlich?

Es schließt sich ein Kreis. Am Anfang ist man zu zweit. Und jetzt wieder. Gut, wenn man noch etwas miteinander anfangen kann und den anderen während der Brutpflege nicht verloren hat.

Welchen Stellenwert hat die Beziehung der Eltern überhaupt für ein erfüllendes Familienleben? Tut es nicht auch eine Samenspende am Anfang? Ist das, was Mama und Papa vorleben, für das Kind ein Modell der Liebe? Findet sein Aufwachsen unabhängig von dem statt, was sich zwischen seinen Eltern abspielt, wenn sich nur irgendjemand abwechselnd nach Plan um das Kind kümmert?

Eva-Maria Zurhorst, Deutschlands wohl bekannteste Beziehungsberaterin, würde das verneinen. Sie ist sich sogar sicher, dass, wenn Menschen mit sich und ihrer wichtigsten Beziehung im Reinen sind oder immer wieder neu und mehr ins Reine kommen, dies unmittelbare Auswirkungen auf ihre Kinder hat. „Heilt die Partnerschaft, heilt das Kind", so Zurhorst wörtlich.[79] Und damit meint sie nicht, dass man „wegen der Kinder" pro forma zusammenbleiben soll. Aber dazu später.

Natürlich dreht sich erst einmal alles ums Kind, wenn Eltern frisch gebacken sind. Das hat seine Berechtigung. Der Alltag steht auf schönste Weise Kopf und alles auf Empfang für den neuen kleinen Menschen. So beglückend das ist – manche Partnerschaft wird dadurch heftig durchgeschüttelt. „Gerade in dieser Phase mit dem ersten Kind", erklärt Zurhorst, „gibt es viele kompensatorische Sachen. Bei den Männern zum Beispiel, dass sie wie verrückt anfangen, nach Anerkennung zu suchen bei einer Frau, die schon komplett leer ist. Oder sie machen sich ganz aus dem Staub, um Anerkennung und ihr gewohntes Mann-Sein da draußen im Job zu suchen. Was es dann braucht, ist Kommunikation. Dass zwei sich hinsetzen und den Mut finden, sich zu erzählen, wo sie gerade sind. Aber aus einem Nicht-Wissen heraus. Zum Beispiel so: ‚Ich kann es dir auch nicht sagen, aber ich kann das so nicht oder ich brauche jenes oder ich habe Angst vor …'."[78]

Dazu kommt es nur, wenn Eltern ihre Beziehung zueinander wichtig genug nehmen. In meiner Coaching-Ausbildung habe ich gelernt, dass erfüllte Partnerschaft nur möglich ist, wenn ich meinen Partner im Leben an die erste Stelle setze und der Partner mich.

„Ist er oder sie für dich die ‚Number one and only'?" – das ist die zentrale Frage. Wenn ich das nicht mit „Ja" beantworten kann, habe ich möglicherweise eine wichtige Antwort darauf, warum meine Liebesbeziehung nicht funktioniert oder nach Jahren nur noch so vor sich hin dümpelt.

„Ist er oder sie die Nummer Eins in deinem Leben? Oder sind es die Kinder? Ist es deine Arbeit? Das Pferd?"

Meine Coaching-Lehrerin sagte einmal sinngemäß, manche von uns Frauen begeisterten sich so sehr für den Family-Lifestyle, dass – kaum sind Kinder da – der Mann dahinter einsortiert wird und schließlich in der Bedeutung noch hinter dem Labrador und den Meerschweinchen landet.

Jetzt kommt ein Geständnis: Ich habe jahrelang die Kinder auf Platz Eins gesetzt und meinen Mann dahinter eingeordnet. Das habe ich ihm gebeichtet und er meinte versöhnlich: „Vielleicht haben wir beide ‚Familie' auf Platz Eins gesetzt."

Unlängst verbrachten wir vier Tage mit unseren großen Kindern in Rom. Die Freundin von Kronprinz war auch dabei. Mal haben wir etwas zusammen unternommen, mal getrennt. Und es konnte passieren, dass die Kinder uns anriefen und fragten, ob wir den Restaurantbesuch auf später verschieben könnten, weil sie schon eine Kleinigkeit unterwegs gegessen und jetzt noch keinen Hunger hätten. Uns hing zwar der Magen in den Kniekehlen, wir sagten aber: „Ja."

„Das werden wir künftig nicht mehr machen", konstatierte mein Mann. „Ich bin nicht bereit, weiterhin meine Bedürfnisse hinter ihren zurückzustellen." Die Ansage fand ich prima, ein wichtiger Schritt, unserer Partnerschaft endlich wieder die Priorität einzuräumen.

Dass Frauen die Kinder an erste Stelle setzen, sobald sie Mutter werden, ist ein häufig zu beobachtendes Phänomen. Tief im Inneren fühlen wir uns kompetenter als Männer, was den Umgang mit Kindern betrifft. Und im gewissen Maße sind wir eher auf das soziale Miteinander geeicht, als es die Männer sind. So kann sich eine Dynamik entwickeln, die die Männer aus den Familien treibt. „Sie braucht mich ja sowieso nicht mehr", denkt er. „Ich helfe ihr zu wenig, aber wenn ich helfe, kann ich es ihr nicht recht machen. Inzwischen spüren das auch die Kinder. Sie wollen lieber von ihr als von mir ins Bett gebracht werden. Und weil es nur Geschrei gibt, wenn ich es versuche, lasse ich es lieber ganz."

Männer haben keine Lust, einer ständigen Qualitätskontrolle ausgesetzt zu sein, was ihre Erziehungs- oder

Haushaltsleistungen angeht. Sie wollen auch nicht bei den Kindern eingereiht und bemuttert werden. „Dein Partner braucht keine Mutter, sondern eine Partnerin an seiner Seite", schreibt Jesper Juul.[80] Irgendwann richtet man sich ein in einem trostlosen Nebeneinander mit viel Augenrollen (ihrerseits), mehr und mehr Fernsehen oder Basteln in der Garage (seinerseits), Verreisen mit den Freundinnen (ihrerseits), Treffen mit den Kumpeln (seinerseits), Gas geben im Beruf (ihrerseits und seinerseits), Interesse für die neue Kollegin/den neuen Kollegen („Endlich jemand, der mich wieder attraktiv findet!") (ihrerseits und seinerseits) ... So entfernen sich die Partner immer mehr voneinander und gegenseitige Verachtung kann sich einschleichen.

Statt zu meckern und den anderen einer Qualitätskontrolle in Sachen Kindererziehung und Haushaltsführung auszusetzen, ist es hilfreich, klar auszusprechen, was man voneinander erwartet. Besonders Männer verstehen oft nicht, was Frauen wollen. Deshalb geht es ihnen besser, wenn wir klar aussprechen, was und wie wir es uns wünschen. Bei uns klappt es zum Beispiel gut, wenn ich sage: „Ich möchte mit dir unbedingt darüber sprechen, wie wir den Auslandsaufenthalt von Prinzessin organisieren." – „Ja, gerne. Morgen Abend?" – „Abgemacht." Gläschen Wein dabei, Kerzen an und wir haben die schönste Zeit und alles geklärt. Das läuft viel besser, als würden wir zwischen Tür und Angel darüber reden und ich anschließend meckern: „Du hast gar nicht zugehört." Das Gespräch fand statt und ich fragte ihn, weshalb er diesmal so entspannt war. Daraufhin er: „Weil wir es abgesprochen hatten und ich mich darauf einstellen konnte. Das mag ich."

Ähnlich in Rom. Ich sagte: „Heute Nachmittag möchte ich unbedingt ein Eis essen und einen Latte Macchiato trinken." Schon sehe ich es Rattern im Kopf meines Liebsten und wenig später sitzen wir in einem Eiscafé.

Die meisten Männer wollen, dass ihre Frau glücklich ist. Unter all den Vorwürfen, die wir in Jahren gesammelt haben, vergessen wir das häufig. Deshalb gilt: Statt zu meckern, was in der Vergangenheit alles nicht funktioniert hat, macht euren Männern für die Zukunft klare Ansagen: Das wünsche ich mir. So möchte ich es gerne haben. Mein größter Traum ist ... Und wie ist es bei dir? Passt das für dich? Wollen wir das gemeinsam umsetzen?

Die Kinder profitieren sehr davon, wenn ihre Eltern eine neue Beziehungsqualität erreichen und sie bei ihrer Mutter nicht mehr auf Platz Eins stehen. Wir finden das zwar heroisch, wenn Mütter sagen, ihre Kinder seien die wichtigsten Menschen in ihrem Leben. Das ist gesellschaftlich sehr anerkannt. Die Kinder hemmt es jedoch in ihrer Entfaltung. Mehr und mehr fühlen sie sich verantwortlich für Mamas Gefühle, denn Mama hat ja nur noch sie, nachdem Papa kaum mehr eine Rolle spielt oder sogar die Familie verlassen hat. Das kann sich zu einer großen Bürde entwickeln. Entweder passt dann kein Blatt Papier zwischen Mama und dem kleinen Partnerersatz oder das Gegenteil passiert: die Rebellion gegen die allgegenwärtige Mama, die es ja so gut meint. Deshalb ist es wichtig, die Erwachsenenbeziehung nicht aus dem Blick zu verlieren. Das betont auch Jesper Juul: „Das Beste, was ihr für eure Kinder tun könnt, ist, euch immer wieder mal nur auf eure Beziehung, eure Partnerschaft zu konzentrieren."[81]

Vielleicht beschließt ihr, dass das Elternbett wieder euch allein gehört, macht jeden Abend einen kleinen Spaziergang zu zweit, lasst die Kinder bei den Großeltern und bucht eine Wochenendreise, verabredet euch einmal im Monat zu einem Candle-Light-Dinner, macht einen Tanzkurs ... Steven R. Covey, der 2012 verstorbene Erfinder von Zeit-Management-Methoden, pflegte mit seiner Frau regelmäßig einen Motorradausflug zu unternehmen. „Ich kann Ihnen gar nicht beschreiben, welchen Wert meine private Zeit mit Sandra hat. Wir nehmen uns schon seit vielen Jahren jeden Tag Zeit füreinander. Wenn ich nicht beruflich unterwegs bin, steigen wir auf unsere Honda. Wir lassen alles hinter uns, was uns stören oder ablenken könnte – Telefon und Handy, das Büro, aber auch unsere Kinder."[82] Sandra und Steven Covey haben neun Kinder großgezogen. Also wenn die das geschafft haben mit der Exklusivzeit ...!

Sorgt dafür, dass euer Partner die Nummer Eins bleibt. Die Kinder sind damit eine große Verantwortung los und bekommen oben drauf ein Modell für gelingende Partnerschaft.

Versteht dieses Kapitel nicht als Plädoyer, auf Gedeih und Verderb und wegen der Kinder zusammenzubleiben. „Wegen der Kinder" – ein solches Zähne-Zusammenbeißen wird ihnen nicht wirklich zugutekommen. Sie fühlen, dass etwas nicht stimmt. Wenn dann alle einfach so weiter machen, schleicht sich der Gedanke ein, mit ihnen und ihrer Wahrnehmung sei etwas falsch.

Eva-Maria Zurhorst hat im Interview genau beschrieben, wie das für sie ist: „Die Prägung des Kindes in Sachen Beziehung findet – das sagt die Wissenschaft – zu unglaublichen 80 Prozent im Alter von Null (beziehungsweise schon in der Schwangerschaft) bis drei Jahren statt. Das Kind lebt immer von dem, was wir fühlen und sind. Und nicht von dem, was wir sagen. Das heißt: Wenn ich in einer Beziehung bleibe, die mir überhaupt nicht guttut und ich mich immer gestresst fühle, latent eine Wut habe, latente Frustrationen, Ohnmacht ... dann kommt alles beim Kind an. Das Kind ist nicht ein kleines dummes Kind, schon gar kein dummes Baby, sondern ein hochsensibles Wesen. Es hat nur keine intellektuelle Verarbeitung von vielen Dingen. Das Kind nimmt alles auf. Und je kleiner, desto mehr. Wie die Pflanze Wasser, Licht und Dünger braucht, braucht das Kind, dass es mir als Mama oder Papa gut geht, dass ich in der Liebe bin und dass ich das ausstrahle."[83]

Oh, Schreck, das kommt alles beim Kind an? Ich muss für mein Kind auch noch „in der Liebe" und als Eltern ein seelenverwandtes Traumpaar abgeben, wo ich doch froh bin, wenn ich nur irgendwann aus der vollgespuckten Bluse rauskomme?

Nein. Es geht vielmehr darum, dass wir erstens dem Kind nichts vormachen und dass zweitens jeder für sich guckt: Geht es mir gut als Mama oder als Papa? Das ist der Anfang. Das Bild aus den ersten Kapiteln dieses Buches hat es veranschaulicht: Wenn im Flugzeug durch einen Druckabfall der Sauerstoff knapp wird, setze ich zuerst mir die Atemmaske auf und bin dann in der Lage, dem Kind neben mir zu helfen. Für sich selbst zu sorgen, kommt deshalb schließlich allen zugute. Und mit wahrhaftig durchgelebten Krisen kommt ein Kind besser zurecht, als wenn die wichtigsten Menschen in seinem Leben falschspielen.

Dank Hollywood hält sich hartnäckig die Vorstellung, dass ich nur die Liebe meines Lebens finden muss, dass wir uns in der Kirche oder in der Karibik das Ja-Wort geben, zur Krönung Kinder bekommen und dann ist alles fertig in der eigenen Traumfabrik. Der Film reißt für viele schneller als gedacht. Der Start einer dauerhaften Partnerschaft und die Gründung einer Familie ist nicht das Happy-End, sondern der Beginn einer Berg-und-Tal-Reise zu uns selbst. Sehr fordernd, aber auch erfüllend.

„Eine Beziehung, die mir gar nicht gut tut" – das kennt Eva-Maria Zurhorst aus eigener Erfahrung. Als sie gerade verheiratet und junge Mutter war, stand ihre Ehe vor dem Aus. Sie war nicht mehr sie selbst nach der ersten Zeit mit einem „Schreibaby". Und ihr Mann suchte sich eine andere. Die Zurhorsts trennten sich und fanden trotzdem wieder zueinander. Der Schlüssel zu ihrem neuen Glück war, dass beide sich zunächst um sich selbst kümmerten. Sie verabschiedete sich von ihren Supermama- und Superhausfrau-Ansprüchen und begann zu entdecken, wozu sie auf dieser Welt ist. Ihr Mann machte eine Therapie und verliebte sich neu in seine Frau. Das ist mehr als 20 Jahre her, die beiden sind immer noch ein Paar und geben ihr Wissen in ihrer Praxis und in ihren Büchern an andere weiter.[84]

Ich investiere also in die Beziehung, setze meinen Partner auf Platz Eins meiner Lebensprioritäten, sortiere die Kinder weiter hinten ein und kümmere mich im Krisenfall um die eigene Weiterentwicklung. Soweit die ersten Empfehlungen dieses Kapitels. Die Weiterentwicklung oder „innere Arbeit", wie Eva-Maria Zurhorst es nennen würde, bedarf noch näherer Ausführungen. Genau diese Bereitschaft, nicht alle Fehler beim Partner zu suchen, sondern in sich selbst zu forschen, mag ich so gerne an Eva Zurhorsts Ansatz. Als sie damals allein mit Kind heulend in ihrer Küche saß, hielt sie ihren Mann für den größten Schuft, der ihr jemals begegnet ist. Mutter, Tanten und Freundinnen standen schon in den Startlöchern, sie darin zu bestärken. Aber sie zettelte keinen Rosenkrieg an, sie forschte in ihrem Inneren. Warum habe ich diesen Mann geheiratet? Was sollte er mir geben? Warum habe ich es nicht bekommen? Kann ich es mir vielleicht selbst geben?

Sie fand erste Antworten auf diese Fragen in sich selbst. Und als sie sicher war, ihren Mann nicht mehr zu brauchen, kamen sie wieder zusammen.

Bei der Partnerwahl reagieren wir auf den Menschen, von dem wir denken, dass er uns schenken kann, was uns vermeintlich fehlt: Da gibt mir endlich jemand das Gefühl, etwas Besonderes zu sein ... während ich mich gar nicht besonders finde. Da zeigt jemand die Durchsetzungsstärke ... die ich nicht habe. Da ist jemand erfolgreich .... und in seinem Glanz kann ich mich sonnen. Da ist jemand wie der Vater ... den ich nie hatte. Da ist jemand so fürsorglich und liebevoll ... wie meine Mutter es war und die mir nach ihrem Tod so fehlt. Da ist jemand so wild und abenteuerlustig ... wie ich es mich nie getraut habe. Da bietet mir jemand den Schutz ... nach dem ich mich so sehne ...

Im Laufe der Zeit stellen wir jedoch fest, dass der andere uns nicht geben kann, was uns angeblich fehlt. Die Standardreaktion ist, dem anderen das zum Vorwurf zu machen und zu behaupten, er oder sie würde uns nicht genug lieben oder wir würden eben nicht zueinander passen. Immer häufiger reagieren wir gereizt auf die Macken des anderen, ziehen uns innerlich zurück, leben nur noch nebeneinander her oder trennen uns.

Eva-Maria Zurhorst dagegen lehrt, diese Reibungspunkte willkommen zu heißen. Gerade die Reibungspunkte, die uns immer wieder an die Decke gehen lassen, würden zeigen, was in uns selbst noch der Heilung bedarf. Niemand anderer als der Mensch, mit dem wir zusammenleben, würde uns so zielsicher zu den Teilen unserer Persönlichkeit führen, die der Weiterentwicklung bedürfen.

Ich empfand meinen Mann zum Beispiel manchmal als etwas hart oder abwertend in seinen Reaktionen gegenüber Menschen außerhalb der Familie, bis ich entdeckte, dass ich in meinem Harmoniestreben, „Immer-alles-nett"-Finden und nicht einzulösenden Anspruch, mich nie entwertend gegenüber anderen zu äußern, langsam erstickte. Seit ich forscher auftrete, seit ich auch mal einen Streit riskiere, weil ich mich zeige, wie ich bin, seit ich mir erlaube, auch mal über Leute zu lästern, ist der Reibungspunkt mit meinem Mann auf wundersame Weise auf dem Rückzug. Ist doch genial, oder?

Eine dauerhafte Partnerschaft zu führen, in der jeder von beiden immer mehr der Mensch werden kann, der in ihm oder ihr angelegt ist, gilt als die größte Möglichkeit zur persönlichen Weiterentwicklung. Und damit ist man in der Regel erst am Anfang, wenn man Mama und Papa wird. „Meist ist es so", sagt Eva-Maria Zurhorst, „dass die Kinder kommen, ehe sich beide weder selbst noch als Paar richtig kennen. Da tut es gut zu wissen: Das ist eine Ausnahmesituation und die ‚triggert‘ ganz viele Dinge, die bisher im seichten Gewässer ohne Kinder gar nicht an die Oberfläche gekommen sind."[85]

Mein Mann, die Kinder – das sind die größten Persönlichkeitstrainer in meinem Leben. Immer wieder fordern sie mich heraus zu ergründen: Wer bin ich wirklich? Was ist mir wichtig? Für welche Werte stehe ich ein?

Um uns darüber auszutauschen, haben mein Mann und ich in den vergangenen Monaten das „Zwiegespräch" für uns entdeckt. Es gibt Ideen, die sind so einfach und so wirksam, dass ich mit dem Schreiben darüber kaum an mich halten kann. Eine solche Idee ist das Zwiegespräch. Sie stammt von dem 2002 verstorbenen Psychoanalytiker Michael Lukas Moeller.[86] Im Wesentlichen geht es darum, sich in der Partnerschaft regelmäßig Zeit für Gespräche zu nehmen, bei denen jeder zehn oder 15 Minuten ungestört über seine aktuelle Befindlichkeit spricht. Der andere darf ihn oder sie dabei nicht unterbrechen. Nach Ablauf der Zeit wird gewechselt.

Mein Mann und ich hatten eine Krise. Da besann ich mich auf diese Methode und wir beide sind begeistert, wie sehr sie uns geholfen hat. Zwar haben wir uns nicht – wie empfohlen – einander gegenübergesetzt, sondern sind sehr lange spazieren gegangen, in der Hosentasche das Smartphone, dessen Timer brummte, wenn die jeweilige Redezeit abgelaufen war. Wir sind durch unser Wohnviertel gelaufen und durch Parks, und uns ist klar geworden, dass wir in Monaten nicht so viel voneinander erfahren haben, wie in diesen klar geregelten Redezeiten. Vorher waren unsere Gespräche zu einem Austausch über Dinge, die wir zu erledigen haben, Erziehungsfragen, Urlaubspläne, Berufsprobleme, Geldausgaben verkümmert. „Darüber zu sprechen", schreibt Michael Lukas Moeller, „gilt heute schon als höchstpersönlich und ist doch nur eine Form der Alltagsverwaltung."[87]

Alltagsverwaltung – das trifft es. Wie schnell gibt man sich mit der Bewältigung der täglichen Anforderungen zufrieden, wie leicht passiert es, dass man zu wissen meint, wie es dem anderen geht, oder man – besonders mit kleinen Kindern – schlicht zu erschöpft ist, um sich dafür zu interessieren. Wichtig ist, den Partner in keiner Weise zu unterbrechen und auch nicht auf das zu reagieren, was er oder sie sagt. Ich ertappte mich dabei, dass ich an der großen Eiche den Daumen hochhielt, weil ich ihm freudig zustimmen wollte. Ein anderes Mal hätte ich gerne heftig den Kopf geschüttelt oder ihn mit einem Stock geschlagen, der am Wegesrand lag. Wesentlich für das Zwiegespräch ist, dass aus einer Person ungehindert und unbewertet herausströmen darf, was sich an Gefühlen und Gedanken in ihr angesammelt hat. Dazu kann auch gehören, dass man minutenlang schweigt. Denn manchmal braucht das Sprachzentrum Zeit, um das Innerste in Sätze zu gießen.

Wenn man nicht gerade in einer schwierigen Zeit steckt, findet man es vielleicht albern, mit dem Liebsten im Takt der Eieruhr zu sprechen. Auch ich kenne die Methode seit Jahren und weiß, dass sie nicht nur in Konfliktsituationen, sondern auch vorbeugend hilft. Trotzdem habe ich es schludern lassen. Man denkt: Ach, sprechen können wir auch so. Die Wirkung ist aber unvergleichlich. Ein guter Freund von mir ist in vierter Ehe verheiratet. Er schwört auf das Zwiegespräch und sagt, die Methode helfe ihm, es diesmal nicht zu vermasseln.

Selbst, wenn man sich intensiv mit dem anderen auseinandersetzt, neigt man dazu, ihm gar nicht richtig zuzuhören, sondern im Kopf schon zum Gegenangriff zu blasen, schlagkräftige Argumente zu suchen, das Gesagte zu zerlegen, wie ein Tier, das man erbeutet hat, als ginge es um Sieg und Niederlage und nicht um Liebe und Verständnis. Wenn ich coache und beide Elternteile kommen zum Gespräch, erlebe ich das immer wieder: Es fällt den meisten Paaren unglaublich schwer, einander ausreden zu lassen. Er und sie hören nicht richtig zu, jeder legt sich im Kopf schon zurecht, was er als nächstes sagen, ergänzen, widerlegen möchte, während der jeweils andere noch redet. Normale Gespräche können Rechthaberei und Streit noch befeuern, während Zwiegespräche Frieden und Verständnis schaffen.

Für ein Zwiegespräch ist es wichtig, sich wenigstens einmal pro Woche eine Stunde Zeit zu nehmen, in der man ungestört ist. Am besten vereinbart man das Gespräch vor Wochenstart mit dem Partner, sonst geht der Vorsatz im Alltäglichen unter. Sorgt dafür, dass die Kinder schlafen oder betreut sind, sich die Smartphones im Flugmodus befinden und jedem die gleiche Redezeit gewährt wird. Normalerweise sitzt man sich gegenüber, bei uns funktioniert aber auch ein Spaziergang mit Timer in der Hosentasche.

Einer redet, der andere hört zu. Und dann wechseln. Nur zuhören, keine Kommentare, kein Kopfschütteln, keine Grimassen oder Fingerzeichen, ganz Ohr sein. Nachdem jeder seine Redezeit hatte, erfolgt der gemeinsame Austausch über das Gesagte. Ohne Limit. Wichtig ist, nicht vorwurfsvoll zu sprechen. Statt „Du lässt mich im Stich ...!" lieber „Ich fühle mich in letzter Zeit häufig alleingelassen ...". Lieber bei sich bleiben und über das sprechen, was einen bewegt, und wie man sich, den anderen, die Beziehung und sein Leben sieht. Kommt man sich anfangs auch komisch vor wegen der Regeln, wird dieses Gefühl bald nachlassen und man wird die wunderbare Wirkung des Zwiegesprächs spüren und es nicht mehr missen wollen.

Die sieben wichtigsten Punkte zum Thema „Partnerschaft – wie schaffen wir es, sie nicht zu vernachlässigen?":

1 Zeit und Aufmerksamkeit in die Partnerschaft investieren. Wer oder was ist **die Nummer Eins in deinem Leben?**
2 **Nicht nur um die Kinder kreisen,** sondern gut für sich und die Partnerschaft sorgen.
3 Kommen die Eltern immer wieder mit sich ins Reine, **profitieren davon auch die Kinder.**
4 Partnerschaft bietet die größte **Möglichkeit zur persönlichen Weiterentwicklung.**
5 Unsere **wiederkehrenden Streitpunkte sind Hinweise,** was in mir selbst noch der Heilung bedarf.
6 **„Zwiegespräche"** bedeuten wenig Aufwand, zeigen aber eine große Wirkung auf die Beziehungsqualität.
7 Kinder lernen am Modell. Schön, wenn sie erleben, dass wir uns **gut um uns selbst kümmern.**

Nachwort – wie es sich anfühlt, wenn die Kinder das Haus verlassen

Während ich dies schreibe, hat Kronprinz gerade sein Studentenzimmer aufgelöst, um an den nächsten Studienort zu wechseln, Prinzessin lauscht dem Vortrag einer Berufsberaterin. Wahrscheinlich wird sie demnächst ein Praktikum in der Nähe von Frankfurt beginnen. In wenigen Wochen werden mein Mann und ich ohne Kinder sein, aber mit zwei Katzen und geschätzt 50 Nacktschnecken im Garten.

Ohne Kinder. Und das wir! Wir, die wir immer fanden, dass es das Größte ist, Eltern zu sein. Freundinnen, die solche Umbrüche schon hinter sich haben, begegnen mir mit einem fragenden Blick: Wie werden sie wohl damit zurechtkommen? Haben sie schon eine Ahnung, wie sich das anfühlt? Wollen wir wieder häufiger etwas zusammen machen? Kino, Literaturkreis, Damenkränzchen?

Manche berichten, dass sie die Zeit als Paar wieder intensiver genießen, dass es Männer gibt, die aufblühen, neue Reisen planen, sich freuen, Zweiertische im Restaurant zu buchen, die Frau wieder für sich zu haben, bei ihr an erster Stelle zu stehen – wie einst, als es nur sie beide gab.

Mein Mann ist anders als diese Männer. Ihm fällt es deutlich schwerer als mir, die Thronfolger aus dem Haus zu lassen. Am liebsten würde er die Uhr zurückdrehen und nochmal der Papa sein, der abends Geschichten vorliest, beim Sonntagsfrühstück Schokocroissants auf Kinderteller legt und mit Prinzessin an der Hand zur Grundschule läuft.

Vielleicht bin ich abgebrühter, weil ich durch meine Arbeit zu Hause das Privileg genossen habe, deutlich mehr Zeit mit ihnen zu verbringen als er. Vielleicht bin ich deshalb abgebrühter, weil die Rolle mit dem Abschiedsschmerz schon vergeben ist und es jemanden braucht, der daran erinnert, wie dankbar wir sein können, dass unsere Kinder für neue Ziele brennen und sie mit den Füßen scharren, um endlich rauszukommen aus Klein-Bullerbü in der Doppelhaushälfte.

Kronprinz fährt mit einem Transporter quer durch die Republik, baut allein Bett, Schreibtisch und Schrank in seiner WG auf, wird für seinen Uni-Jahrgang zum Kassenwart ernannt, eröffnet hier ein Konto, löst dort ein anderes auf. Können wir noch etwas raten? Ist unser Wissen, unsere Weisheit überhaupt noch gefragt? Wenn wir gemeinsam etwas unternehmen, nutzen wir längst seine Hilfe: Mit dem Smartphone in der Hand die Baustellen in der Stadt umfahren? Das kann nur Kronprinz. Bei der Stadterkundung in Kopenhagen mit Kreditkarte das E-Bike bezahlen und in Gang bringen? Ohne die Hilfe unseres Sohnes wären wir aufgeschmissen. In der Stadt den richtigen Bus finden, weil die S-Bahn ausgefallen ist? Mit Prinzessin an meiner Seite geht das viel schneller.

Die Rollen vertauschen sich zunehmend. Es hört auf, dass wir als Eltern alles besser wissen als der Nachwuchs. Selbst, wenn man vermieden hat, den Besserwisser zu geben – so langsam fehlt einem das Wissen dazu, irgendeine Überlegenheit auszuspielen. Auch die Sprache entfernt sich voneinander. In einem Gespräch im Urlaub wurde klar, dass unseren Kindern die Worte „Plackerei" und „ein Stück Land urbar machen" noch nie begegnet waren.

Umgekehrt muss ich fragen: „Was heißt eigentlich ‚cute‘?
Was genau bedeutet ‚fancy‘?" Und wenn sie sich schief-
lachen ob dieser Fragen, fühle ich mich, als würde mein
Rollator schon um die Ecke parken.

Ja, die Rollen vertauschen sich. Und wenn wir demnächst alleine sind, werden wir selbstständig. Wir lernen,
allein mit dem Rechner klarzukommen, wir erschließen
uns neue Smartphone-Funktionen und wissen blind, auf
welchem Bahnsteig die Anschluss-S-Bahn abfährt.

Ein neuer Abschnitt beginnt, aber eines bleibt: die
Dankbarkeit, dass wir eure Eltern sein dürfen.

Anmerkungen:

1   Grossmann, Karin/Grossmann, Klaus E.: Bindungen – das Gefüge psychischer Sicherheit. Stuttgart, 2012, Seite 103

2   Messmer, Rita: Ihr Baby kann's! Selbstbewusstsein und Selbstständigkeit von Kindern fördern. Weinheim und Basel, 2013, Seite 35

3   zit. nach Messmer, Rita, ebenda, Seite 27

4   Messmer, Rita: Ihr Baby kann's! Selbstbewusstsein und Selbstständigkeit von Kindern fördern. ebenda, Seite 48

5   Becker-Stoll, Fabienne/Beckh, Kathrin/Berkic, Julia: Bindung. Eine sichere Basis fürs Leben. Das große Elternbuch für die ersten 6 Jahre. München, 2018, Seite 74

6   Solter, Aletha J.: Spielen schafft Nähe – Nähe löst Konflikte. Spielideen für die gute Bindung. München, 2020, Seite 30

7   Braukhane, Katja/Knobeloch, Janina: Das Berliner Eingewöhnungsmodell – Theoretische Grundlagen und praktische Umsetzung. kita-fachtexte.de, Seite 6

8   Messmer, Rita: Der kleine Homo sapiens kann's! Die natürliche Kompetenz und Selbstständigkeit von Kindern stärken. Weinheim und Basel, 2018, Seite 94

9   Prof. Fabienne Becker-Stoll hat mir die Szene in einem Interview geschildert, das ich mit ihr am 13. Januar 2020 in München geführt habe.

10 Becker-Stoll, Fabienne u.a., ebenda, Seite 93/94

11 Family-Lab-Newsletter, 12/2019

12 Grossmann, Karin/Grossmann, Klaus E., ebenda, Seite 123

13 Zitat aus meinem Interview mit Fabienne Becker-Stoll am 13. Januar 2020 in München

14 Zitat aus meinem Telefon-Interview mit Eva-Maria Zurhorst im Juli 2018

15 Grossmann, Karin/Grossmann, Klaus E., ebenda, Seite 103

16 Becker-Stoll, Fabienne u.a., ebenda, Seite 124/125

17 Widström, Ann-Marie/Brimdyr, Kajsa/Svensson, Kristin/Cadwell, Karin/Nissen, Eva: Skin-to-skin contact the first hour after birth, underlying implications and clinical practice, https://onlinelibrary.wiley.com/doi/full/10.1111/apa.14754

18 Liedloff, Jean: Auf der Suche nach dem verlorenen Glück. München, 1993, Seite 115

19 Messmer, Rita: Ihr Baby kann's! Selbstbewusstsein und Selbstständigkeit von Kindern fördern. ebenda, Seite 130

20 Zitat und Schilderung aus meinem Interview mit Fabienne Becker-Stoll am 13. Januar 2020 in München

21 Rita Messmer in einer E-Mail an mich am 24. Mai 2019

22 Becker-Stoll, Fabienne u.a., ebenda, Seite 27

23 Becker-Stoll, Fabienne u.a., ebenda, Seite 29

24 Berger, Sebastian: Geniale Kindsköpfe. Wie Babys die Welt erforschen und was wir von ihnen lernen können. München, 2019, Seite 136/137

25 Juul, Jesper: „Kindererziehung ist für manche ein Leistungssport". www.diepresse.com

26 Kohn, Alfie: Liebe und Eigenständigkeit. Die Kunst bedingungsloser Elternschaft, jenseits von Belohnung und Bestrafung. Freiburg, 2015, Seite 60

27 ebenda, Seite 212/213

28 Faber, Adele/Mazlish, Elaine: Entspannte Eltern – entspannte Kinder. Verständnis und Verständigung als Schlüssel zum Glück. München, 2016, Seite 34/35

29 Faber, Adele/Mazlish, Elaine: So sag ich's meinem Kind. Wie Kinder Regeln fürs Leben lernen. München, 2016, Seite 44

30 Zitat aus meinem Telefon-Interview mit Professor Annette Conzelmann am 16. April 2020

31 ebenda

32 Aus meinem Interview mit Fabienne Becker-Stoll am 13. Januar 2020 in München

33 Schoenebeck, Hubertus von: Kinder der Morgenröte. Unterstützen statt erziehen. Norderstedt, 2004

34 Solter, Aletha J., ebenda, Seite 111

35 Joanna Goetz: Warum dein Kind nicht dein Chef ist, und Schuldgefühle ein No Go: 4 Tipps für den Alltag mit Kindern, Blog „Liebesbotschaft", 13. November 2018, https://www.liebesbotschaft.com/2018/11/warum-dein-kind-nicht-dein-chef-ist-und-schuldgefuehle-ein-no-go-4-tipps-fuer-den-alltag-mit-kindern.html

36 Juul, Jesper: Dein kompetentes Kind. Auf dem Weg zu einer neuen Wertgrundlage für die ganze Familie. Reinbek bei Hamburg, 2010, Seite 113

37 Messmer, Rita: Ihr Baby kann's! Selbstbewusstsein und Selbstständigkeit von Kindern fördern. ebenda, Seite 141

38 Becker-Stoll, Fabienne u.a., ebenda, Seite 28

39 Becker-Stoll, Fabienne u.a., ebenda, Seite 218

40 Becker-Stoll, Fabienne u.a., ebenda, Seite 219

41 Juul, Jesper: Aus Erziehung wird Beziehung. Freiburg, 2005, Seite 111

42 Positiv denken macht krank. Der Spiegel 30/2002, 22. Juli 2002

43 Birkenbihl, Vera F.: Jungen und Mädchen: wie sie lernen. Welche Unterschiede im Lernstil Sie kennen müssen. Regensburg, 2009, Seite 11

44 Nach den meisten Studien tritt ADHS bei Jungen zwei- bis viermal häufiger auf als bei Mädchen, heißt es auf der aktuellen Internet-Seite „ADHS Infoportal" des Universitätsklinikums Köln, Prof. Dr. Manfred Döpfner.

45 Nach dem Statistischen Jahrbuch 2019 des Statistischen Bundesamtes haben im Vorjahr 177 000 Jungen oder junge Männer ohne einen Abschluss die Schule verlassen gegenüber 117 000 jungen Frauen.

46 Brizendine, Louann: Das männliche Gehirn. Warum Männer anders sind als Frauen. Hamburg, 2010, Seite 28

47 ebenda, Seite 180

48 Largo, Remo H.: Babyjahre. Entwicklung und Erziehung in den ersten vier Jahren. Vollständig überarbeitete Neuausgabe. München, 2019, Seite 176

49 Largo, Remo H.: Schülerjahre. Wie Kinder besser lernen. München, 2009, Seite 305

50 ADHS Infoportal, ebenda

51 Brizendine, Louann, ebenda, Seite 40

52 Largo, Remo H.: Schülerjahre. Seite 134

53 Guggenbühl, Allan: Die Schule – ein weibliches Biotop? Psychologische Hintergründe der Schulprobleme von Jungen. Aus: Handbuch Jungen-Pädagogik. Weinheim und Basel, 2008, Seite 160/161

54 Für das LBS-Kinderbarometer werden alle zwei Jahre bundesweit mehr als 10 000 Kinder zwischen neun und 14 Jahren befragt. Ich beziehe mich hier auf die Auswertung von 2016 und nicht auf 2018, weil im jüngsten Bericht das Freizeitverhalten nicht beschrieben wird.

55 Beuster, Frank: Die Jungen-Katastrophe. Das überforderte Geschlecht. Reinbek bei Hamburg, 2011, Seite 57

56 Juul, Jesper: Essen kommen. Familientisch – Familienglück. Basel, 2017, Seite 82

57 Craemer, Maria und Stephan: Begeisterung ist nicht normal, aber natürlich. Bielefeld, 2008, Seite 15

58 Schulte-Markwort, Michael: Burn-out-kids. Wie das Prinzip Leistung unsere Kinder überfordert. München, 2015, Seite 157

59 Katie, Byron mit Mitchell, Steven: Lieben was ist. Wie vier Fragen Ihr Leben verändern können. München, 2002

60 Faber, Adele/Mazlish, Elaine: Hilfe meine Kinder streiten. Wie Sie Geschwistern helfen, einander zu respektieren. München, 2018, Seite 31

61 Girod, Ellen: 4 Tipps für mehr Geschwisterliebe: Negative Gefühle ernst nehmen, Beitrag auf dem Blog „chezmamapoule.com", 24. Juni 2019

62 Faber, Adele/Mazlish, Elaine: So sag ich's meinem Kind. ebenda, Seite 41

63 Der Spiegel, Nr. 8/20.2.2016, Seite 59

64 ebenda

65 in Gänze hier nachzulesen: https://www.faz.net/aktuell/feuilleton/debatten/bil dung/entwicklung-der-gymnasien-abiturienten-bis-es-kracht-13626432.html

66 Kerstin Kullmann im „Spiegel", Nr. 35, 27.8.2016, Seite 99

67 Spitzer, Manfred: Kritik der Disziplin aus (neuro-)biologischer Sicht. In: Brumlik, Micha (Hrsg.): Vom Missbrauch der Disziplin. Antworten der Wissenschaft auf Bernhard Bueb. Weinheim und Basel, 2007, Seite 202

68 „Ich war geschockt, wie wenig wir wussten". Süddeutsche Zeitung Magazin, 15. März 2019

69 ebenda

70 ebenda

71 Aus meinem Telefon-Interview mit Eva-Maria Zurhorst im Juli 2018

72 Biddulph, Steve: Das Geheimnis glücklicher Kinder.
München, 2001, Seite 50

73 ebenda, Seite 161

74 Faber, Adele/Mazlish,
Elaine: So sag ich's meinem
Kind. ebenda, Seite 50/51

75 Graf, Danielle/Seide, Katja:
Das gewünschteste
Wunschkind aller Zeiten
treibt mich in den Wahn-
sinn. Gelassen durch die
Jahre 5 bis 10. Weinheim
und Basel, 2018, Seite 111/112

76 Neufeld, Gordon/Maté,
Gabor: Unsere Kinder brau-
chen uns. Erweiterte Neu-
auflage: Kinder im digitalen
Zeitalter. Bremen, 2006,
Seite 79

77 Kabat-Zinn, Jon und Myla:
Mit Kindern wachsen: Die
Praxis der Achtsamkeit in
der Familie. Freiburg, 2015,
Seite 15/16

78 ebenda, Seite 16/17

79 Aus meinem Telefon-Interview mit Eva-Maria Zur-
horst im Juli 2018

80 Juul, Jesper: Liebende bleiben. Familie braucht Eltern,
die mehr an sich denken.
Weinheim und Basel, 2017,
Seite 33

81 ebenda, Seite 33/34

82 Covey, Stephen R.: Die 7
Wege zur Effektivität für Fa-
milien. Prinzipien für starke
Familien. Offenbach, 2009,
Seite 190/191

83 Aus meinem Telefon-Interview mit Eva-Maria Zur-
horst im Juli 2018. Das ganze
Interview findet ihr auf meinem Blog: https://www.wer-
ist-eigentlich-dran-mit-katz
enklo.de/2018/07/heilt-die-
partnerschaft-heilt-das-
kind/

84 Ihre eigene Geschichte beschreibt sie in ihrem Buch:
Zurhorst, Eva-Maria: Liebe
dich selbst und es ist egal,
wen du heiratest. München,
2009

85 Aus meinem Telefon-Interview mit Eva-Maria Zur-
horst im Juli 2018

86 Moeller, Michael Lukas: Die
Wahrheit beginnt zu zweit.
Das Paar im Gespräch. Rein-
bek bei Hamburg, 2002

87 ebenda, Seite 13

Danksagung

Mein Dank beginnt bei dem Menschen, ohne den es dieses Buch nicht gäbe: bei meinem Mann. Er ist derjenige, der immer an mich glaubt und mir unablässig Mut zuspricht. Kaum ist er nach einem langen Arbeitstag zu Hause und hat ein paar Nüsse als Abendbrot gegessen, liest er mein nächstes Kapitel, um mir schnell eine Rückmeldung zu geben.

Aus meiner Coaching-Ausbildung kenne ich das Wort „Ermächtigung". Es bedeutet, jemanden in einer Weise zu unterstützen, die es ihm oder ihr ermöglicht, immer mehr in die eigene Kraft und Persönlichkeit hineinzuwachsen. Manchmal denke ich, mein Mann hat diese Fähigkeit erfunden. Und dafür möchte ich dir aus ganzem Herzen danken!

Dankbar bin ich auch für unsere Kinder. Sie haben meine Arbeit an diesem Buch mit großem Wohlwollen, Interesse und Vertrauen begleitet. Danke, dass ich über euch und eure Kindheit schreiben durfte! Danke für euer Sein! Und danke auch für die Lockdown-Zeit mit euch zusammen, für die Zucchinisuppe, das indische Curry und die belebende Kaffeezeremonie in der Mittagspause!

Ein paar Worte möchte ich auch an Rita Messmer richten. Die Schweizer Therapeutin und Buchautorin hat meine Arbeit um den „Nachfolgewillen" bereichert. Danke, Rita, für deinen unermüdlichen Einsatz für die Selbstbestimmung von Kindern und danke, dass du jederzeit bereit warst, meine Fragen zu beantworten und deine Philosophie ausführlich auf meinem Blog zu erklären!

Laura Malina Seiler, Vortragsrednerin, Autorin und Coach, ist mir noch nicht persönlich begegnet. Ihrem wöchentlichen Podcast „Happy, holy and confident" aber verdanke ich so viele Impulse, dass ich Laura an dieser Stelle würdigen möchte. So war es ein Literaturhinweis in einer

Podcastfolge, der mich die Ideen der beiden US-Amerikanerinnen Adele Faber und Elaine Mazlish entdecken ließ. Und es waren ihre Interviews mit Ryder Carroll, Elizabeth Gilbert, Neale Donald Walsch und vielen anderen, die mich beim Schreiben beflügelt haben.

Prof. Fabienne Becker-Stoll danke ich, dass sie sich bei meinem Besuch im Staatsinstitut für Frühpädagogik so viel Zeit für das Interview genommen hat. Dankende Grüße auch an Eva-Maria Zurhorst, Prof. Annette Conzelmann und Erziehungsberaterin Beate Krause für die Unterstützung meiner Arbeit.

Die Menschen, die das Titelbild und einige Seiten im Buch auf sympathische Weise bevölkern, hat die bekannte Illustratorin Melanie Garanin gezeichnet. Danke, Melanie, dass du das ermöglicht hast, obwohl du gerade erst dein eigenes Buch vollendet hattest.

Sophie Niemann, die Lektorin dieses Buches, hat ein paar verdrehte Sätze lesbarer gemacht und Missverständnisse ausgeräumt, bevor sie beim Lesen entstehen konnten. Danke dafür! Raphael Iwanczuk legt bei Zeitungs-, Radio- und Fernsehredaktionen mehr als ein gutes Wort für meine Bücher ein. Seiner verbindlichen Art verdanke ich es, dass sie bekannter werden und ich mir öfter einen Friseurbesuch gönne, weil wieder ein Interview ansteht.

Die ganze Dankbarkeit aber hätte keinen Anlass, wenn es Marita Ellert-Richter und Gerhard Richter, die Verleger dieses Buches, nicht gäbe. Danke für eure Begeisterung und euer Vertrauen in mich und dieses Buch!

Uta Allgaier

Impressum

Bibliografische Information der
Deutschen Nationalbibliothek

Die Deutsche Nationalbibliothek verzeichnet diese
Publikation in der Deutschen Nationalbibliografie;
detaillierte bibliografische Daten sind im Internet über
abrufbar.

ISBN 978-3-8319-0777-9

Text: Uta Allgaier, Hamburg
Lektorat: Sophie Niemann, Hamburg
Illustrationen: Melanie Garanin, Falkensee
Gestaltung: BrücknerAping Büro für Gestaltung GbR,
Bremen
Gesamtherstellung: CPI books GmbH, Leck

www.ellert-richter.de
www.facebook.com/EllertRichterVerlag